オペラ入門

許 光俊

講談社現代新書

2547

最初に

もっとも罪深い遊び

まったく人間は罪深いものです。

他人の不幸は蜜の味。他人の失敗は可笑しくてたまらない。そして、あげくには同情というもっともたちの悪い偽善に耽《ふけ》り、上から目線であれこれと意見したがるのです。ああ、なんと嫌らしいのでしょう。

そんな罪深い人間の、もっとも罪深い遊びがオペラです。

恋人を失った処女の絶望の歌にうっとり耳を傾けるとは、なんという破廉恥《はれんち》。復讐を誓う若者の叫びに興奮するとは、まるでケダモノさながら。登場人物がみな殺しになるシーンに心を高ぶらせ、貞操を脅かされる女を見てどきどきし、殺人者に大喝采を送り、ささいなことで登場人物が愚弄・嘲笑されるのを見て大喜び。悪趣味もここに極まります。

まったく、こんなものを作る人も、鑑賞する人も、どうかしているのではないでしょうか。世界中の政府やら自治体やら企業やらが、こんなものを存続させるためにお金を出しています。お客も、こんなものを見るために、大枚はたいてチケットを買うのです。インターネットの時代がやってくる前には、物好きな人々が大勢、徹夜で並んでチケットを求めたものです。

しかも、悪趣味の上塗りと言うしかありません、極貧の登場人物たちの不幸を見物しにいくためであっても、欧米ではとびきりのおしゃれが要求され、男性は蝶ネクタイをしてタキシードを着、女性は化粧に時間をかけ豪華なドレスをまとって出かけていたのです。舞台の上では、登場人物が寒さに凍えているというのに、観客席では、胸元もあらわな女性たちが寒くないようにあたためられています。登場人物がひもじさを嘆いているのに、観客は休憩時間にシャンパンを飲み、しゃれたおつまみをつまんで顔をほんのりと赤くしているのです。

私が神様なら……いかにも大胆な仮定ですが……こんな人間どもには呆《あき》れ果てて、旧約聖書に名前が記されている悪徳の町ソドムやゴモラのように、焼き滅ぼしてしまったほうがよいと考えるに違いありません。

罪深いがゆえの愉しみ

でも、もしかしたら、人間はどんな動物も敵わない罪深さゆえに、悪徳ゆえに、愚かさゆえに、破廉恥ゆえに、残酷ゆえに、人間たり得ているのではないか。それを取り除いたら、もはや人間は人間でなくなり、それこそ天使にでもなってしまうかもしれない。だとしたら、オペラほど人間的なものもなかなかないのではないか。私はそうも信じているのです。

もしも人間が賢明で、善良だったら、オペラなど生まれるはずもありませんでした。だが、なんと刺激のない、退屈な世界になったことでしょう。オペラの中には人間のさまざまな面、とりわけ賢明でも善良でもない部分が生々しく描かれていることは間違いありません。

ですから、もしこれを読んでいるあなたが、こっそりと人間に紛《まぎ》れ込んでいる宇宙人か、あるいは平和な未来からタイムマシンでやってきた未来人だとしたら、なおさらオペラを見たらよいと思いますよ。人間がどういうものか、よくわかるでしょう。

非人間的なるがゆえに人間的なオペラ。汚らわしさを美しさへと転じてみせる魔法のオペラ。悪人どもの姿を見せられているうちに、自分は善人だと信じられるようになる悪魔の薬、オペラ。愚かな人々を見せられているうちに、自分は利口だと思えてくる錯覚の遊園地、オペラ。そんな罪深いオペラの世界へようこそ。

本書では、オペラの誕生からほぼ年代順に作品や作曲家について語っていきます。とはいえ、歴史などというものは、こうも語れる、ああも語れる、しょせん恣意的《しいてき》なもの。それにこだわるつもりはまったくありません。ただ、一般的にはすっきりとした流れで提示してもらったほうが、頭の中にはよく収まるものです。それが理由で、時代に沿って記したまでのこと、飛ばし読みでも拾い読みでも一向構いません。そもそも、年代順にオペラを観劇して親しむ客など、世界に誰ひとりとしていないでしょう。

そして、オペラの名作、魅力作は数えきれないほど多いのです。そのすべてを取り上げることは到底不可能ゆえ、ごく一部のみの紹介にとどまることをご承知おきください。

何はともあれ、読者が興味をひかれる作品なり作曲家なりがあればよいのですが……。

(作品のあとに記してある年号は、原則として完成された年です。場合によっては初演された年のこともあります)

目次

1　オペラはどこでどう生まれたのか

誕生の地はイタリア

　まずは何をさておいても、オペラが生まれた経緯について簡単に記しておきましょう。人間だって、素性を知ると、なんとなくわかった気がして安心するものです。

〈opera〉、オペラとはイタリア語で、「仕事」「作品」など、元来はいろいろな意味を持つ言葉です。そのひとつが本書のテーマである「オペラ」でありまして、この意味を表す語として現在では世界中で使われています。イタリア本国では、オペラのことをリリカと呼んだりもします。リリカというのは英語のリリックに当たる単語で、抒情詩《じょじょうし》という意味もあります。日本では長い間、「歌劇」と訳されてきました。それが特段間違っているわけではありません。

　そのオペラが生まれたのは一六〇〇年ごろ、つまり日本では江戸時代が始まるかどうかというタイミングです。憶《おぼ》えやすいですね。このころの日本は、みなさんがよくご存じのように、織田信長が戦国時代をほとんど勝ち抜いたかと思われたところですぐに殺されてしまって、豊臣秀吉の天下となりました。でも、彼も事実上一代限りで、徳川の時代がやってきます。ちょうどそんなあたりにおよそ一万キロメートル離れたヨーロッパでは初めてのオペラが生まれたということになります。一万キロメートルというのは、時速一〇〇キロメートルの車や電車で行ったとして一〇〇時間、つまり休みなしに走って丸四日。時速四キロメートルの徒歩で行くと、二五〇〇時間ですから、一日一二時間歩いたとしても二〇〇日以上かかるということになります。しかも、これは直線距離なのですから、実際には山あり谷あり、酷寒の氷原もあり、こんなものではありません。現代においてはぐったり疲れて飛行機に乗りこめば寝ている間に到着してしまいますが、実際にはそんなにも遠いところで生まれ育ったものだということをご承知おきください。

さて、一六〇〇年ごろの日本は統一された安定した時代に達しつつあったのですが、イタリアはまだそうではありませんでした。小さい国々に分かれていて、いろいろな王様、領主がいたのです。その中には、好戦的な人もいれば、文化的なことに興味を持つ人もいました。後者のような人々は、美術や音楽を愛好し、すぐれた芸術家を競うように雇っていました。今日イタリアが芸術の国とされているのは、彼らの功績でもあります。ヨーロッパでは長いこと、芸術家を食わせるのは教会と王侯貴族の役割であり、彼らが意識するしないに関係なく、結果的にはそれが彼らの社会的あるいは歴史的な任務だったとすら言ってよいほどです。

イタリアは南北に長いブーツのような形をしています。その中にさまざまな地域性があって、オペラの誕生時、文化的な豊かさが際立っていたのは中部や北部でした。南は、シチリアに代表されるように、夏の暑さがひどかったり、土地がやせていたりで、経済的には苦しかったのです。文化活動がさかんになるためには、やはりお金の裏付けが必要ですから、オペラが作られ普及するようになったのが、長いこと経済的に栄えてきたフィレンツェやヴェネツィア周辺だったというのは、容易に理解できるところです。

オペラとは、要するに、音楽つきの演劇、歌による演劇です。普通の演劇では、俳優は台詞《せりふ》をしゃべりますが、オペラでは歌うのです。なぜそんなことをするようになったかというと、一六〇〇年ごろのイタリアには、古代ギリシアの演劇を復活させてみたいと考える人々がいたのですが、彼らが、当時の俳優たちはしゃべるのではなく、歌ったのではないかと想像したからです。

よく言われることですが、ヨーロッパを支えている大きな要素は二つあって、古代ギリシアの文化・文明と、キリスト教です。ですけれど、古代ギリシア人が考えたこと、書いたことなどはその後のヨーロッパにスムーズに継承されたわけではありません。それどころか、一時期はすっかり忘れられていました。有名なギリシア哲学なども、いったんはアラブに流出し、そこから再びヨーロッパに戻ってきたのです。そんな次第があって、ルネサンス期以後のヨーロッパ人たちは改めて古代ギリシアに興味を抱くようになったのです。

古代ギリシアの演劇というと、特にオイディプス（エディプス）王を主人公にした作品など、悲劇が有名です。こうした名作は、日本でも文庫本で読めますし、上演もされますが、さてその台本を開いてみますと、「コロス」という役があります。これはコーラス、合唱隊のことです。演劇なのに合唱？　すると、もしやギリシア悲劇は歌われていたのか？　と想像できます。

モンテヴェルディ——オペラ史上最初の天才

そんなことから、台詞を歌うオペラが、まずはイタリアの各地で試作されたのです。オペラというと、「アイーダ」「蝶々夫人」などのように悲恋をテーマにした作品が一般的にはイメージされるでしょうが、生まれたてのオペラは古代ギリシアの劇を目標にしていたわけですから、おのずとギリシア由来の神話などから素材が取られることになります。

ただし、正確を期しますと、台詞を歌うとは言っても、私たちが歌という言葉から連想するような、大きく歌いあげるような歌が書かれたわけではありませんでした。しゃべりと歌の中間くらいと言えばわかりやすいでしょうか、歌いすぎない範囲の中で、表現を強めるというあたりが狙う線だったのです。というのも、大きく歌いあげると、言葉のひとつひとつは聴き取りにくくなりますし、時間がかかって物語がなかなか先に進まなくなってしまいます。オペラの台本を手に取ってみるとよくわかりますが、たとえ二時間、三時間の作品であっても、台本は案外薄っぺらなことが多いのです。これは、同じ上演時間であっても、戯曲ほどにはたくさんの言葉を押し込めることがむずかしいからです。

オペラ創生期について詳しく述べるときりがなくなりますし、日本語でもさまざまな解説が読めますから、結論的なことだけ書いてしまいましょう。生まれたてのほやほやだった時代のオペラ作品が上演されることはほとんどありません。それより少しばかりあとに活躍した天才ひとりの名前だけ覚えておけば、よほどのマニアになりたいのでなければ十分です。

その名はクラウディオ・モンテヴェルディ（一五六七―一六四三）、オペラ史上最初の天才と呼ばれています。それどころか、バッハやベートーヴェンにも匹敵すると言う人もいます。とにもかくにも、現在私たちが楽しめるもっとも初期のオペラは、彼の作品です。よけいなことですが、イタリア語でモンテは山を意味し、ヴェルディは緑色を表す形容詞から来ていますから、日本語なら緑山さんとでも訳せましょうか。

モンテヴェルディが生まれたのは、クレモナという町です。アントニオ・ストラディヴァリ（一六四四？―一七三七）などのヴァイオリン作りの名人が活躍し、現在ではたいへんな高値で売買される銘器が次々に制作された町として有名です。モンテヴェルディは、その近くにあるマントヴァという町の領主のもとで楽長として働き、のちにヴェネツィアの有名なサン・マルコ寺院の楽長にもなりました。

楽長というのは、宮廷や教会の音楽責任者で、楽団や合唱団を指導・指揮したり、催しやミサのために作曲するのが役割です。音楽家、ミュージシャンというとついフリーランスが本来の姿だと思いがちですが、出版・放送・録音といったテクノロジー、それに著作権という考え方が確立する前の時代においては、音楽家も定職を得ないことには生活が安定せず、その定職の中でも一番ありがたかったのが楽長です。モンテヴェルディは世俗的な音楽である宮廷音楽のトップと、宗教的な教会音楽のトップ、両方を経験したわけで、当時から高い評価を受けていたことがわかります。

「オルフェオ」

とはいえ、いかんせん昔の人ですから、せっかく作曲されたのに失われてしまった作品も少なからずあるようです。モンテヴェルディが書いたオペラで今日上演されるのは「オルフェオ」「ウリッセの帰郷」「ポッペアの戴冠」の三つ。そのうちもっとも親しみやすく人気があるのは「オルフェオ」（一六〇七年初演）です。有名なオルフェウスの話です（オルフェウスをイタリア語で言うとオルフェオになります）。簡単にあらすじを記すと――オルフェオは太陽の神アポロの息子。竪琴《たてごと》の名人で、彼の音楽を聴くと誰もがうっとりとしてしまいます。

オルフェオは、愛する女性エウリディーチェと結婚したばかり。幸福の頂点にいます。ところが、幸せに酔う彼のもとに、思いがけず最悪の知らせがもたらされます。なんと、妻が蛇に咬まれて死んでしまったというのです。オルフェオは絶望のどん底に突き落とされます。

しかし、彼はどうしても妻を諦めることができません。こうなったら、黄泉《よみ》の国に出かけていき、そこを支配するプルトーネと話をつけて、妻を奪還するほかないと決意します。

オルフェオの音楽の力は凄まじく、黄泉の国の境界の川（三途《さんず》の川のようなものです）で警備にあたっている渡し守すら眠らせてしまうほど。まんまと侵入に成功します。

それどころかオルフェオが奏でる音楽は、プルトーネの妻プロセルピナを感動させ、妻を連れて帰ってよいという特別な許しを得ます。

ただし、ひとつだけ条件があるのです。これから地上に戻る間、オルフェオは決して振り返ってはならないのです。本当に妻が彼の後ろをついてきているかを確かめるために振り返ったら、それでもう一巻の終わり、妻は再び黄泉の国に連れ戻されてしまうのです。

不安に苛《さいな》まれつつ地上を目指すオルフェオ。が、彼は愛妻の姿を確認したいばかりに、とうとう振り返ってしまいます。黄泉の国には勝てたけれど、自分の心には勝てなかったのです。

再び妻を失ったオルフェオは、今度こそ救いのない絶望に陥ります。

哀れに思ったアポロが姿を現し、オルフェオを天へと引き上げます。

たいへん気の毒ではありますが、ついつい振り返ってしまったオルフェオが妻を失うのは仕方がないでしょう。ところが、彼に同情する神様が現れて、助けてくれるのです。唐突ではありますが、ハッピーエンドに大転換するわけです。

こういう、突然姿を現して窮地を救ってくれる神様を、「機械仕掛けの神」（ラテン語でデウス・エクス・マキナ）と呼びます。複雑精妙な装置を持つ現代の劇場とは異なり、一七世紀に用いられた舞台機構はたかが知れたものでしたけれど、先人は先人なりに知恵を凝らし、たとえば神様を天井から吊るして移動させたりしました。当時の人々はそれを見てたいへん喜び、神様が登場するシーンは一番の見どころとなったほどです。状況が困難なものになったとき、突如、超越的な存在が姿を現し、解決してくれるのは、日本の時代劇でも愛好されるパターンですね。

日本でも起承転結と言いますが、急な転換は見る者に興奮や心地よい驚きをもたらします。「オルフェオ」の場合は、妻が死んだというニュース、オルフェオが思わず振り返ってしまうところ、最後の救済というふうに、いくつも大きな転換が含まれています。音楽は、このような転換をいっそうドラマティックにするためにたいへん力を発揮します。これから本書で述べていく作品には、恋に落ちたり、裏切られたり、真相が明らかになったり、いろいろな転換が出てきますが、それは表現力豊かな音楽ゆえにいっそう強烈な効果を得ます。そのあたりは、実際にオペラを見た人なら誰でも気づいていることでしょう。

ましてや、音楽の力で奇跡を起こすとは、「オルフェオ」の物語は、音楽を取り入れたオペラというジャンルにはうってつけの内容と言うしかありません。主人公の悲痛な歌といい、音色のパレットを駆使して心理を表現するオーケストラといい、わずかな前例しかないところからこれだけのものを作り出したモンテヴェルディは、天才と呼ばれて当然です。その後約三〇〇年にもわたって、オペラにおける基本的な発想やアイデアという点では、モンテヴェルディが作った型が踏襲《とうしゅう》されたのです。

ただし、もし初めてオペラを聴く、見に行くということでしたら、「オルフェオ」を強くはお薦めしません。もちろん人の好みはいろいろですけれど、「オルフェオ」は日本の伝統芸能、ことに能にも似て、時間が（実際以上に）非常にゆっくり流れる、それどころかしばしば止まってしまうような印象を受けます。そのくせ、あるいはそれゆえに緊張を強いるのです。強い表現を持ってはいますけれど、十分にオペラに慣れた人が聴いたほうが、この作品のすばらしさや先進性などを楽しめるのではないでしょうか。

劇場は身分社会の鏡

ところで、「オルフェオ」は賑々しい金管楽器のファンファーレで開始されます。そして、まずは「音楽」（音楽の精、というとわかりやすいでしょうか）という役柄の歌手が登場し、観客に向かって挨拶します。

というのも、このオペラはもともと領主の宮殿で上演するために作られたという経緯があったからです。大広間に集まった観客の大半は身分のある人々だったということです。

現代の私たちは無意識のうちに、オペラや演劇は劇場で見るものだと思い込んでいます。が、実はオペラ誕生当時はそうではなかったのです。それはごく限られた客に向かって、たとえば結婚式の際の特別な余興として上演されていたのです。

お金を払って劇場で見るのが普通になったのは、オペラが生まれて何十年も経ってから、モンテヴェルディ晩年のことです。しかも、より正確に言えば、誰でも好きな席で見られたわけではなく、身分の高い者はボックス席を丸ごと買い、下々の人は平土間《ひらどま》と呼ばれる一階（椅子がない場合もありました）か、てっぺんの天井桟敷に行くしかありませんでした。現代の感覚からすると不思議ですが、舞台がよく見える一階席よりも、閉鎖的なボックス席のほうがよい席だったのです。

いささか脱線しますけれど、オペラのボックス席は、ヨーロッパの劇場文化、ひいてはヨーロッパ的な（空間）感覚、つまりそれを作り出した社会という点で、なかなか意味深長です。

ヨーロッパの鉄道において長いことコンパートメント（車室）型の車両が主流であったこと、それ以前には箱型の馬車という交通手段があったこと、そしてエコロジーが叫ばれる現代においても公共交通手段よりも自家用車が好まれること、こうしたことの根っこはすべて同じです。ある空間を占有し、自分のものとすることに価値を見出すのです。日本の伝統的な家屋がたとえ寒冷地であっても中と外のしきりが簡素であるのに対し、ヨーロッパの建物がたとえ暑い南欧であっても外側に対して堅牢な一方、内側にプライベートなパティオや中庭を持つこと。たとえ小さくてもがっしりとしたドアを持つアパート。何時間でもいられるカフェ。こうした空間感覚、プライバシーと公共の分け方など、日本の生活感覚とは大きく異なります。

オペラの場合、ボックス席の中で家族や友人と観劇し、休憩時間には人々が笑いさざめくロビーに出て、飲み物や軽食をつまむ、それが、身体的にも、空間的にも、はっきりしたコントラストをなしているのです。こうした、いわば本場では当たり前のことほど、日本にいてはわからないことでもあります。オペラを見るということは、知らないうちに一万キロメートル離れた西洋の感覚に触れることでもあります。もしあなたが何かしらオペラに違和感を覚えるとしたら、その原因の多くはこのあたりにあるはずです。

たとえ万国共通と思われる悲恋物語であっても、その根底にはかの地との微妙な、けれど決定的かもしれない違いが潜んでいるのです。

★コラム：オペラハウス

オペラ専用の劇場をオペラハウスと呼びます。ヨーロッパの大半の町のまんなかには宮殿、市庁舎、その町で一番大きな教会、オペラハウスなどの劇場が四点セットで揃っています。それだけ、劇場は大事なのです。古代ギリシアでもそうでした。

豪華だったりそっけなかったり、外見はいろいろですが、中に入るとロビーがあり、飲食が提供されます。コートや荷物はクロークに預けます。

客席に入ると、カーテンが下りている舞台と、客席の間に、オーケストラがすわる席があります。オペラの伴奏は基本的には生のオーケストラです。大きな音量が出ますから、歌手の声を殺さないように、やや低いところにすわります。これをオーケストラ・ピットと呼びます。

オペラハウスにおいては、オペラ作品を鑑賞することが一番の、あるいは唯一の目的ではありません。それは、もしあなたがヨーロッパの伝統ある劇場に出かけてみれば、たちどころに理解できることです。

ウィーンやミラノやパリやロンドンで、舞台に向かって正面の席ならよいですが、横の席にすわったら……。舞台の半分しか見えなくて驚くことでしょう。そんな席がたくさんあるのです。

馬蹄形と言っても若い人にはわからないかもしれませんが、要するに観客席はU字形をしています（ルネサンス式と言います）。だから、右や左の席にすわったら、顔を真横に向けないと舞台が見えないほどです。しかも、舞台の横のほう、奥のほうで何が行われているかは、死角になって見えません。

古い劇場には六席くらいずつ壁で仕切ったボックス席が多いのも特徴です。ボックスとボックスの間には壁があるから、二列目や三列目にすわったら、舞台の見えなさ加減に絶望的な気持ちになるかもしれません。いくら声は聞こえるとは言っても、疎外感を味わうことになります。

つまり、劇場は観劇するためだけではなく、人と会い、社交し、恋をし……といったもろもろのための場所なのです。のどがかわいているから何か飲もう、ではなく、自動的に習慣で飲み物を買い、連れや知り合いとおしゃべりするのです。

ですから、開演時間ぎりぎりにたどり着くのは野暮です。早めに到着し、ドリンクの一杯でも飲みながら、プログラムをぱらぱらとめくり、やってくる人々を眺め、頃合いを見て自分の席につき（もしそれが外国なら隣席の人に、こんばんはなどとひとこと挨拶し）、ゆったりとした気分で観劇を始めましょう。

ヨーロッパでオペラハウスを訪れる人の少なからぬ割合は、舞台そのものに強い関心があるわけではないのです。いわば、「オペラを見に行く」のではなく、「オペラがある暮らしをよしとしている」ように思えます。

2　リュリとラモー〜宮殿で栄えるオペラ

イタリアとは異なるキャラクター

イタリアで生まれたオペラですが、このオペラが生まれた一六〇〇年ごろからおよそ一五〇年間、バロック音楽と呼ばれるものがヨーロッパ中で栄えました。とりわけアントニオ・ヴィヴァルディ（一六七八―一七四二）の「四季」やヨハン・ゼバスティアン・バッハ（一六八五―一七五〇）の諸作品が有名です。

バロック音楽とは何かという説明を始めると長くなってしまいますので、ごく簡単に要点のみ記しておきましょう。そもそもバロックとは美術や文学の分野でも用いられる広い概念ですが、共通して言えるのは、鑑賞者を驚かせるのが大好きで、感情表現が明快かつ強烈で、身振りが大げさということです。たとえば、前の章で取り上げたモンテヴェルディの「オルフェオ」は、オルフェオの奥さんが死んだり、それを取り戻して喜んだり、また絶望したり、極端に強い感情が次々に出てきます。また、最後には突然、神様が出てきてびっくりさせられます。ヴィヴァルディの「四季」にしても、うららかな春が描かれたあとには、夏の激しい嵐とか冬の雨などが音で表されます。劇的な強いコントラストが好まれたのです。

バロック音楽が花咲いたのは、宗教音楽が演奏される教会、雅《みやび》な音楽が奏される宮殿、そしてオペラを上演する劇場、この三ヵ所でした。日本では教会音楽、あるいはバロックのオペラを鑑賞できる機会が乏しいので、なかなか感じにくいことなのですが、ヴィヴァルディにしても、「四季」のような楽器のための作品だけでなく、声を含む宗教曲やオペラをたくさん書いているのです。このバロック音楽の時代に作られたオペラをバロック・オペラと呼びます。

そもそもはイタリアの宮廷で生まれたオペラですが、いかにも宮廷らしいオペラの傑作はその後、フランスで作られるようになります。何しろ一七世紀から一八世紀にかけて、フランスはヴェルサイユ宮殿の時代だったのですから。

フランスのバロック・オペラは、細かい分類にこだわると、抒情悲劇（トラジェディ・リリック）、オペラ・バレエ、抒情喜劇（コメディ・リリック）、牧歌劇などといったジャンル分けができます。が、そうしたことは今はそれほど気にしなくてもよいでしょう。はっきりしていることは、発祥地イタリアのオペラが徐々に歌の美しさを楽しむ方向に進んでいったのに対し、フランスのオペラはそれとは別の方向に向かったということです。

それすなわち、フランスのオペラは、このバロック期からのちの時代に至るまで、フランス語の美しさにこだわったということです。フランス人はフランス語に誇りを持っていますから、単に美しいメロディに言葉を乗せていくだけでは満足できず、もっと言葉の響きや抑揚を生かす歌い方をしたいのです。これがイタリアのオペラとの大きな違いです。そして、ジャン＝バティスト・ラシーヌ（一六三九―九九）やモリエール（一六二二―七三）といった、フランス古典劇の偉大な作家たちがいましたから、その演劇作品や感性・

思考をオペラと合体させたいという気持ちが起きるのも不思議ではありません。

　踊りの場面が多く含まれることもフランスのバロック・オペラの大きな特徴です。バレエは（バレエもと言うべきでしょうか）もともとはイタリアで生まれたとされますが、フランスで大きく花開きました。目を楽しませるバレエをオペラにも取り入れようと考えるのもおかしなことではなく、後述する一九世紀のグランド・オペラも同様ですけれど、すでにバロック音楽の時代から、フランスでは踊りはオペラにおける大事な要素のひとつとなっていました。

　別の言い方をしますと、フランスのバロック・オペラを見てみるとすぐに気づくでしょうが、音楽や歌の比率というか重要度が思いのほか低いことが多いのです。少なくとも、全編を美しい歌で満たそうなどというよくばりな気持ちがさらさらないのがわかるはずです。

　ということは、音楽、演劇、バレエなど、興味の持ち方が専業的にばらばらになってしまった現代人にとっては、必ずしも自分が大好きなジャンルばかりが楽しめるわけではないということになります。クラシック音楽は大好きだけれど、劇には興味がないとか、特定のジャンルにのみ強い関心を示す人が現代には多いように見受けられますが、そういう人には食い足りなく感じられるかもしれません。

ですから、たとえ演劇や踊りに興味がなくても、(自分は当時の王侯貴族なんだと思い込むほどのことはありませんけれど) 鷹揚な気持ちで接するのが大事だと思います。さあ、次にすばらしい歌が出てくるぞ、などと力まないほうがよいのです。がつがつしてはいけません。もったいないなどという考え方も捨てるべきです。豪華なレストランで席についたら、次々にごちそうが運ばれてくるのを淡々と楽しむ。あまり好みに合わなかったら全部食べないでさりげなく残す。勘定がいくらになるかなど気にしてはいけない。そのようなゆったりした気分で観劇したときに、フランスのバロック・オペラがどれほどの優雅と美しさを持っているかがわかるようになります。そして、その幻のような、夢のように儚《はかな》い世界にすっかり魅せられてしまうのです。マリー・アントワネット（一七五五―九三）が、ヴェルサイユ宮殿の中で、農婦の衣装を着、農民ごっこに興じたような、あくまで架空の美の世界。あるいは、ロココ絵画の名匠アントワーヌ・ワトー（一六八四―一七二一。この人もまさにバロック音楽が栄えた時代の人です）が描いたやわらかな情景のような。

ルイ一四世のお気に入り

フランス・バロックと言えば、やはりまずジャン＝バティスト・リュリ（一六三二―八七）の名前を挙げねばなりません。もともとイタリア出身のリュリは、ルイ一四世（この人は自分でも踊るのが好きな王様でした）の下で頭角を現し、フランスの音楽界で随一の実力者になるに至ります。

リュリは自ら踊ったり演技したりもしました。もっとも、当時のバレエは、現代のそれのように脚をうんと高く上げたりするようなものではなく、衣装もたとえば後世の「白鳥の湖」のように身体の形をあらわにするものではありませんでしたが。でなければ、王様が自ら踊りに興じることなどできなかったでしょう。

「町人貴族」（一六七〇年初演）は、高名な喜劇作家モリエールとの共作です。貴族になりたい平民を嘲笑するような内容は、今日ではあまり品のよい笑いとは言えないかもしれませんけれど、より上の階級に憧れるというのは、このあとの時代にもオペラの中で何度も繰り返されるモチーフということは覚えていてもいいかもしれません。

作品とは関係がないことですが、リュリがとりわけ有名なのは、その死に方です。当時は現在のように指揮棒を使って細かに指揮する習慣はありませんでした。リュリは、杖で床をどんどんと突いて拍子を取っていたというのですが、誤って自分の足を突き、そのけががもとで死んでしまったのです。作曲に限らず多方面に才能があった人物の、まったく意外かつ悲惨な死に方でした。イタリアで生まれたしがない若者が、ヴェルサイユ宮殿で王のお気に入りとなって権勢を振るったとは、まさに風雲児と呼ぶにふさわしい生涯だったのですが、その死もまたきわめてドラマティックだったのです。

リュリのオペラを丸ごと楽しめる機会は日本ではほとんどないでしょうから、名場面集のようなCDを聴いてみれば、宮廷の雅な戯れの世界が想像できるかもしれません。あるいは、映像として入手できる「アティス」（一六七六年初演。ヴィレジエ演出、ウイリアム・クリスティ指揮）という作品は、悲劇ですが、その悲劇と関係のなさそうな踊りのシーンもふんだんに入っていて、往時の雰囲気がたやすく想像できます。

宮殿でこそ見たいオペラ

リュリの（あるいはルイ一四世の）肖像画を見ますと、いかにもおおげさなかつらをかぶっています。百獣の王であるライオンをまねてこのようなかつらをかぶったということです。

ちょうどリュリが世を去るのと同じ時期に生まれたジャン＝フィリップ・ラモー（一六八三―一七六四）の肖像画と比べると、時代の移り行きがわかるかもしれません。ラモーのかつらはいくらか軽快そうです。そして、のちのモーツァルトになりますとさらに簡素になり、ベートーヴェンになると、かつらなどかぶらず、髪の毛を振り乱すことになるわけです。

ラモーのオペラはたくさんあります。濃密な悲劇という点では「イポリットとアリシー」（一七三三年初演）が魅力的です。強い感情表現を持ち、変化に富み、劇的で、見ごたえがあります。とりわけ品位のある哀しみの音楽は、実に美しい。「優雅なインドの国々」（一七三五年初演）は、ストーリーはあってないようなもの。ひとつのクライマックスを目指してドラマが緊張を強めていくということもありません。ただただゆるやかに優雅で甘美で幸せな時間が過ぎていきます。

ラモーは、和声法の本を書くくらい理論派で、オーケストラから多彩な響きを出させる技量も持っていました。ただ、すでに彼が生きているうちに、時代は大きく変わっていきました。パリ市内でオペラ上演がさかんになり、そうなれば見に来る客層も大衆化していきます。作品も、それに応じて変化していきます。そしてやがて、ほんの少し後には、モーツァルトの一種の革命オペラ「フィガロの結婚」が発表されることになるのです。

リュリとラモーの間の世代に当たる、マラン・マレ（一六五六―一七二八）の「アルシオーヌ」（一七〇六年初演）もすばらしい作品です。この人は、ヴィオラ・ダ・ガンバというチェロに似た楽器の名手だったのですが、オペラもいくつか書いています。シンプルだけれど雅な風合いがたまりません。

ラモー、マレに関しては、ジョルディ・サヴァールやフランス・ブリュッヘンという名指揮者たちが、オーケストラの部分だけを抜き出した組曲の録音を楽しむこともできます。また、クリスティやマルク・ミンコフスキといった指揮者たちも、オペラの名場面などを演奏・録音しています。まずはそのあたりから試してみたらどうでしょうか。

しかし、またもや繰り返さねばなりませんが、こうしたフランス・バロックの名作を日本において一流の水準で鑑賞できる可能性は目下非常に低い、というより不可能と言うしかないため、これ以上のことを述べるのは、なんとも空しく、また心苦しい限りです。仮に日本で上演されても、ヨーロッパの文化や芸術の精髄のような味わいがどこまで伝わるか、疑問にも思います。

このような作品は、やはり本場で、できれば宮殿で見てみたいものです。たとえば、日本で開催される美術展には、非常に多くの西洋の傑作が持って来られます。それはそれで意味があることだとは思います。しかし私自身は、空々しい気にさせられてしまうので、そうした展覧会に足を運ぶことがほとんどありません。作品と、その外側の世界の間に連続性が感じられないのが快適ではないのです。見ないよりは見たほうがいい。でも本場で見られるのだったらそっちのほうがずっといいな。そう考えてしまうのです。

また、いかにニューヨークやワシントンの美術館に名作が集められていようと、皮肉なことに、美術館の収蔵品が立派であればあるほど、外側の世界との違いが際立ってしまいます。ひとことで言えば、グロテスクです。ですので、アメリカで美術館に行くのもあまり楽しくありません。同じことが音楽作品、舞台作品にも言えるのです。おそらく私が言っていることはあまりに原理主義的と受け取られることでしょう。でも、鑑賞体験を重ねれば重ねるほど、私はこうした原理主義を繰り返すしかなくなるのです。

ですので、パリやその近郊のヴェルサイユを観光で訪れる読者諸兄におかれましては、ぜひともそこでフランス・バロックの名作を堪能することを強くお勧めします。広大なヴェルサイユの庭園のまんなかにあるトリアノン宮にしばしばしたたずみ、マリー・アントワネットが見たのと同じ風景を眺めれば、牧歌劇がどのようなものか、肌でわかるでしょう。本物とはどういうものかがわかるでしょう。

ヴェルサイユ宮殿の中にあるオペラハウスではしばしば上演が行われますが、かつて王様がすわったロイヤル・ボックスの席を、あなたも買うことができるのです。ミシェル・フーコーというフランスの思想家は、『言葉と物』という有名な著作の中で、ベラスケスの絵画をもとに王様の視点について述べていますけれど、それを読まずとも、ああ、これこそが王様の視点なのだとその場所にすわって経験することができます。

3　ヘンデル〜歌はロンドンで花開く

美しい旋律の魅力

先ほど、バロック・オペラは宮廷由来の文化ということを書きました。しかし、オペラのおもしろさはすぐさま広まり、ヨーロッパ中で次々に劇場がオープンしました。たとえば一六七八年、つまりオペラが誕生してから約八〇年後には、イタリアから遠く離れた北ドイツの港町ハンブルクにも劇場ができました（現在は州立歌劇場。ハンブルクは人口二〇〇万人に満たない都市ですが、それ単体で立派な州なのです）。これは、あらゆる市民に開かれた最初の劇場とされています。ハンブルクは歴史上名高いハンザ同盟に加わった町（自治都市）であり、情報の伝達が速かったこと、また海運や商業により裕福な市民が多かったことがその背景にはあります。劇場文化とは衣食住が十分に満たされたあとで求められる贅沢な文化であり、都市の繁栄と深く関わっているのです。

さて、そのハンブルクのオペラハウスができてから二五年ほど経ったころ、この劇場に新たに雇われた一〇代の青年、いやまだ少年と言ったほうがいいか、とにかく若い男がいました。ゲオルク・フリードリヒ・ヘンデル（一六八五―一七五九）です。最初はヴァイオリンやチェンバロを弾いていました。そちらの方面の腕前もたいしたものでしたが、彼が本当にやりたかったのは作曲でした。二〇歳になるかならないかでオペラをいくつか作曲し、さっそく同地で上演されました。

その後、ヘンデルはイタリアに旅立ちます。音楽に限らず当時の芸術の中心とされていたのはイタリアでしたので、ほかの国からイタリアに行って修業し、箔《はく》をつけようという者は多く、逆にほかのヨーロッパ諸国に出稼ぎに行くイタリアの音楽家も多かったのです。

さすがヘンデルと思わされるのは、そのような本場イタリアに行って早くもオラトリオ（主として宗教的な題材の声楽曲。いわば、舞台装置や衣装、演技のないオペラのようなもの）やオペラで成功を収めていることです。ちなみに、アルプスの北からイタリアに行って成功を収めた芸術家の代表例として、ほかに少年モーツァルト、画家アルブレヒト・デューラー（一四七一―一五二八）がいます。どちらも音楽史、美術史の中で特筆される超弩級《ちようどきゆう》の天才です。

若きヘンデルがイタリアで書いた「時と悟りの勝利」（一七〇七年）というオラトリオがあります。学生のような年齢の青年が書いたとは思えないほど澄んだ、しみじみとした音楽を含んでいる名作です。もともとはコンサートで上演されるタイプの曲種ですが、今日では演技や舞台装置を伴ったオペラとして上演されることも多くなっています。というのは、宗教的、道徳的な内容の声楽曲とは言っても、ストーリーがあり、あるいは諧謔《かいぎゃく》に富んでいたり、独唱曲は官能的、合唱曲は壮大、聴衆を喜ばせるという点では、オペラとさして変わらなかったのです。ことに当時の聴衆は、何も勉強がしたくて上演会場に出向いたわけではなく、純然たる娯楽を求めていたのですから。

この作品も例外ではありませんが、ヘンデルのオペラやオラトリオの中には、最低ひとつ、たいがいは複数、息も止まりそうになるくらいきれいなアリアが含まれています（アリアとは、ひとりで歌う、まさに聴きどころとなる歌です）。とにかく清らかですがすがしく、かつ深いのです。色で言うなら、のみ込まれそうなディープブルーか、光のような真っ白とでもたとえられましょうか。その音楽が始まったとたんに劇場の空間は別世界となり、まるで天国に足を踏み入れたかのような錯覚がする、まことに神秘と呼ぶほかないような瞬間です。しかもこの魔法をなしとげる音楽は決して複雑ではなく、むしろ単純なのに、です。ちなみに、モーツァルトはこのようなヘンデルの音楽をよく研究していました。

ヘンデルのオペラの最大の特徴は何か。それは美しい旋律です。しかも、声で歌ったときに最大の美しさを発揮する旋律なのです。ピアノや弦楽器や木管楽器で演奏してもきれいはきれいに違いないのですが、断然人間の声が合っているのです。単に音の上がり下がりが美しいだけではありません。ヘンデルは、楽器にはない声ならではの微妙な響き方などを理解していたのです。たとえば、チャイコフスキーが書いた有名な「白鳥の湖」というバレエ音楽がありますね。あの旋律を声で歌ってみたらどうでしょうか。悪くはないでしょう。でも、やはり陰を帯びた木管楽器の音色のほうが、もっともっときれいではありませんか。そのように、同じ旋律でも声や楽器の違いによって印象はだいぶ異なってくるのです。また、同じ声でも高い声、低い声、男か女か、そんなことでもまったく違ってきます。

ところで、オペラは見るものでしょうか。それとも聴くものでしょうか。オペラハウスに出かける人は観客なのでしょうか、聴衆なのでしょうか。どちらが正しいとは言えません。作品や演出によってどちらの場合もあり得ますし、見て聴くものだとも言えます。ただし、ヘンデルのオペラに関しては、ストーリーの進行を止めて披露される歌のあまりの美しさゆえ、聴くものだと考えて差し支えないでしょう。

ヘンデルは、イタリアからドイツに戻りますが、そこに長居することはなく、ロンドンに移り、結局そこで人生の大半を過ごすことになります。従って、ドイツ出身ではありますが、イギリスの作曲家と言ったほうがよいくらいです。しかし、彼の作品はしばしばイタリア語の歌詞を用いていますし、音楽にはイタリア風の趣もありました。ひとつの国の枠に収まらない芸術家と考えたほうがいいでしょう。ヘンデルは語学の才能にも恵まれており、さまざまな国の言葉を混ぜ合わせて使っていたとのことです。

ヘンデルは大食漢、それも病的なまでの大食漢だったと伝えられています。確かに彼の音楽からは、感覚の快楽を喜ぶ、開放的な一面が感じられます。ヘンデルはかのバッハと同じ年の生まれで、しかも生まれた場所も近かったのですが、バッハはドイツに留まり、特に教会音楽家として名声を博しました。ことに厳格で技巧的な書法では他の追随を許しませんでした。ヨーロッパを旅し、異国に住んで、感覚に訴える音楽を書き、劇場作品でヒットを飛ばしたヘンデルとはまさに好対照です。

とはいえ、ヘンデルの人生が順調だったわけではありません。特に晩年には視力が衰え、最後には失明に至ります。それもあってか、作品はどんどん陰鬱になっていき、同時代の人々を驚かせたほどでした。本来オラトリオですがオペラとしても上演される「イェフタ」（一七五二年）や「テオドーラ」（一七五〇年）は、残酷な運命の中でもがく主人公たちの姿が胸を打ちます。自分の娘を生贄《いけにえ》として神に捧げねばならないイェフタ。禁じられているキリスト教信仰がばれてしまい、娼婦になることを強要されるテオドーラ。嗜虐的《しぎゃくてき》と言いましょうか、これほどまでに残酷なストーリーも考えられないほどです。ヘンデルは晩年の作品において、個々人の喜怒哀楽だけではなく、社会や群衆の残酷さや人間の悪意をも容赦なく描いています。そして、その闇が濃ければ濃いほど、ヘンデルの音楽は異様な美しさを放つのです。

「ジュリアス・シーザー」はクレオパトラのオペラ？

いささか話が進み過ぎました。

ヘンデルのオペラとしては、まず「ジュリアス・シーザー」（一七二四年）をお勧めしましょう。このオペラはイタリア語の歌詞を持つので、本来は「ジュリオ・チェーザレ」と呼ぶほうが正しいのですが（しかも、より正確には「エジプトの」と前につけないといけませんが）、慣用的に「シーザー」と言うことも多いのです。

もちろん主たる登場人物は、ローマ帝国で活躍し、ブルータス一派に暗殺されてしまった英雄シーザー（ガイウス・ユリウス・カエサル、前一〇〇―前四四）です。そのシーザーがエジプトにやってきて、これもまた伝説的な美女クレオパトラ（クレオパトラ七世、前六九―前三〇）と出会う次第を描いています。

かつては巨大なピラミッドを建設するなど、圧倒的な文明の力を誇ったエジプトですが、この時代にはローマ帝国のほうが強くなっていました。だから、むしろローマの力をうまく利用して国を統治することを考えたほうが賢い。そんな状況下、美人なだけではなく頭もよいクレオパトラは、シーザーを利用して弟を追い落とし、自分がエジプトを支配しようと画策するのです。

タイトルからすると主人公はシーザーと思われるでしょう。また、彼は英雄ですから力強い声で歌われるはずだと想像するでしょう。ところが、今日の私たちにとってはいささか不思議なことに、この有名な英雄を歌うのは、力強い男性歌手ではありません。カストラートなのです。

カストラートとは、変声期前の少年を去勢し、高い声を成年後も維持しようとした特殊な歌手です。想像しただけでも身震いしてしまうような残酷な処置ですが、成功するとボーイソプラノのように清浄でありつつも妙に艶《つや》っぽい、不思議に美しい声色が得られました。劇場でスターとなり、権力者の庇護を与えられ、富と栄誉を得ることができたのです。それゆえ、息子に歌の才能があると信じた親の中には、欲に駆られて息子をカストラートにしようとした人々もいたのです。もっとも、残念なことに、手術が失敗して死んだり、期待通りの美声が得られないということもままあったようですが。

また、長いこと、女性は不浄のものとして教会で歌うことを禁じられていました。そのため、少年合唱より低く、成人男性より高い声域はカストラートが歌うと都合がよかったということもあります。ようやく一九世紀の終わりが近づいてきてからヴァチカンは正式にカストラートを禁じ、教会から追放することになりますが、それ以前には大流行していた時期もあり、ヘンデルはもとより、モーツァルトもカストラートのために曲を書いたのです。もちろん、現代にはカストラートはいませんから、カウンターテノールという特殊な歌い方をする男性、あるいは声が低い女性が担当します。舞台とはしょせん嘘であり、作りものです。登場人物が台詞を歌うオペラは特に人工的と言うしかありません。その中でもとりわけ人工の極致をゆくのがカストラートです。

　さて、それはそれとして、このオペラでそのシーザーより存在感があるのがクレオパトラです。女王になりたいという野心、シーザーを利用してやろうという狡《ずる》さ、シーザーを真剣に愛する気持ち、絶望感、さまざまな気持ちが、鮮やかに表現されています。そのたびごとにころころと気分が変わる女性らしさをヘンデルは実に巧みに（ちょっと辛辣に？）描いていると思います。

　さらには、夫を惨殺された妻コルネリア、息子セストの母子が歌う沈痛な歌もたいへんな美しさです。この息子は女性が歌います。少年のような年齢の男性は、しばしば女性歌手が担当します。アニメや映画の少年役を女性声優が担当するのと同様です。ズボン役と呼ばれます。

　しみじみときれいな歌もあれば、技巧的で派手な歌もあり、このオペラを見て退屈する人などいないのではないかとまで思わされるほどです。澄み切った神々しい音楽と、俗っぽくいたずらっぽい音楽の対比にもにんまりさせられます。

このオペラが作られたのはもう二五〇年以上前のことです。なのに、現代の人間が聴いても、美しさや哀しさがすうっと心の中に入ってきます。まったくもってたいしたことと言わねばなりますまい。

今やヨーロッパ諸国ではすっかり人気が復活し、さかんに上演されるヘンデルですが、残念ながら日本ではあまり見ることのできる機会がありません。その理由として、日本の会場が大きすぎること。適した声の歌手が少ないこと。題材がヨーロッパの神話や歴史や聖書から取られているので、なじみがないことなどが挙げられます。

さらに、上演時間の問題もあります。ヘンデルのオペラはたいがい三時間かかります。休憩も入れると四時間になります。ということは、夕方の開始時刻が少し早いということです。日本では通常クラシックのコンサートは一九時開演ですが、ヘンデルのオペラを上演するためには、遅くとも一八時には始めないといけないでしょう。これでは来られる人は限られます。ヨーロッパの劇場に行って痛感させられるのは、平日の早めの夕方からでもおしゃれをして劇場に来られる人がこんなにたくさんいるということです。

また、ヨーロッパでは終演時刻が二二時を過ぎるのは当たり前のことです。長大なオペラの場合二三時、イタリアにおいては午前零時を過ぎることもあるのです。町の規模が日本の首都圏あたりとは段違いに小さいこと、決して少なくない人が自分の車でオペラを見に来ることなどがその理由です。すてきな上演を見て贅沢な気分になったあとで、東京近辺のように酒臭い満員電車に一時間も二時間も乗って帰るなんて、興ざめもいいところです。日本とかの地とは豊かな生活、幸せな生活のイメージが違いすぎるのではないかと思わされます。そんなことも含めて、私はオペラは本場で見なければいけないと強調するほかないのです。

★コラム：声の種類

去勢歌手カストラートについて述べたところなので、オペラ歌手の声について少し書いておきましょう。

いろいろな分類法がありますけれど、おおざっぱに言って女性の声は高いほうから、ソプラノ、メゾソプラノ、アルトと分けることがもっとも多いでしょう。男性のほうは、テノール、バリトン、バスとなります。

さらに、同じソプラノやテノールであっても、いかにも軽やかな高い声（リリック）もあれば、強いドラマティックな声もあります。軽やかな声は、一〇代の少年少女を表現するには好都合です。あるいは、それほど重要でない召使役など。逆に、悲劇の主人公は、強めの声が必要です。

特に高い音域で技巧を凝らした歌を披露するコロラトゥーラ・ソプラノ。反対に、まるで男性のように重みがある女声のコントラルト。英雄的で強靱な高声のヘルデン・テノール（ヘルデンとはドイツ語で英雄のことです）。逆に、小賢しい性格を表現するせこせこした感じのキャラクター・テノール。こうした言葉は、オペラについての解説や上演プログラムに頻繁に出てきます。

オペラ上演の花形は、概してソプラノとテノールであることが大半です。というのも、オペラの題材は恋愛の話であることが多く、恋に燃える男女といえば、まず若者。となれば、落ち着いた声よりは、若やいだ高声となるわけです。また、高い声は、会場で聞こえやすく、目立つのです。

低めの声があてがわれるのは、恋敵とか、陰謀をめぐらす悪いやつとか、あるいは厳しいお父さんとか、主人公の男女に次ぐ第三の重要人物であることが多いのです。

オペラ歌手の人気はさまざまで、ギャラもピンからキリまでですが、もっとも人気を得、ギャラももらえるのはソプラノとテノールと相場が決まっています。

4　モーツァルト～革命のオペラ

大げさでないオペラ

ヴォルフガング・アマデウス・モーツァルト（一七五六―九一）は誰もが知る大天才ですが、ことオペラに関しても稀有の存在と言うしかありません。一七世紀から一八世紀にかけて作られたバロック・オペラがやがてほとんど忘却され、ようやく二〇世紀の終わりに近くなってリバイバルし、さかんに上演されるようになるまで、オペラハウスのレパートリーは、事実上一八世紀末のモーツァルトから始まっていたのです。モーツァルトの一世代上のフランツ・ヨーゼフ・ハイドン（一七三二―一八〇九）という作曲家がいて、交響曲や弦楽四重奏曲の分野では今でも人気があります。彼はオペラも作曲していますが、上演される機会はごく限られています。あるいはクリストフ・ヴィリバルト・グルック（一七一四―八七）という、音楽史の本にはオペラ改革（平たく言えば、きれいな歌にばかりかまけていないで、ちゃんとドラマを表現しようということです）の主導者として必ず出てくる作曲家がいましたが、これもまた「オルフェオとエウリディーチェ」（一七六二年）以外はときたま上演される程度でした。従って、オペラはモーツァルトから始まったと錯覚してしまうような状況がずっと続いてきたのです。

私たちが普通劇場で鑑賞できる作品は、およそ四〇〇年の間にさまざまな人の手によって作られた数えきれないほどたくさんのオペラのごくごく一部にすぎません。初演当初は人気があっても、じきに埋もれてしまう作品などいくらでもあります。長い時間というフィルターによって漉《こ》された作品が生き残っているわけです。この時間というフィルターはなかなか馬鹿にできません。主要作が生き残っているモーツァルトは、やはり例外的なのです。もちろん、モーツァルトの音楽はたいへん美しい。それは誰もが知る通りです。彼のオペラが現代でもきわめて人気が高いのは、第一にはそのすばらしい音楽ゆえでありますす。しかし、もうひとつ非常に大きな理由があります。

モーツァルトが描いた登場人物は、大げさではないのです。これは、そもそも「オペラ」とは矛盾する特徴でもあるのです。オペラにおいては、人をびっくりさせるような要素や、きわめて悲惨な悲劇性が幅を利かせてきました。逆に言うなら、オペラとは大げさでなくてはならなかったのです（ですから、オペラは大げさすぎるという批判は的外れです。大げさを楽しむのがオペラなのです）。

しかし、モーツァルトが描いた人間は、等身大と言いましょうか、非常にリアルなのです。現代人としてそのまま通じるほどです。怒ったり、悲しんだり、絶望しても、決して単調に陥りません。私たちにしたところで、同時にいろいろな矛盾する感情を持っており、たとえば理性をかなぐり捨てて犯罪的な行為に至ることはなかなかありませんが、モーツァルトが描いた人間もそうなのです。

さらにもうひとつ大事なことを言いましょう。モーツァルトの名作オペラにおいては、「ドン・ジョヴァンニ」ただひとつを除き、人間が人間の問題を解決しなくてはならないのです。これは、前に触れたバロック・オペラと比べるとよくわかりますが、いざというときに神様は助けてくれないのです。それどころか、姿を現しもしないのです。「神は死んだ」という有名な言葉を記したのは、一九世紀の思想家フリードリヒ・ニーチェ（一八四四―一九〇〇）ですが、実はニーチェがそんなことを言う前から、つまりモーツァルトの時代に、すでに事実上神は死んでいたのではないでしょうか。神に祈っても、何も起きない。人間のトラブルは、人生の問題は、人間みずからが解決しなければならない。当たり前と言えば当たり前です。西洋風の合理主義を突き進めた時代に生きている私たちは、そういう社会の中にいます。そして、モーツァルトが描いた登場人物たちもまた、私たち同様、自分で問題を解決しなければならない人たちなのです。それが彼らを身近に感じさせる大きな理由です。

別の言葉で言い表すなら、モーツァルトのオペラは、市民のオペラということです。市民が舞台に登場し、活躍し、市民が鑑賞するのに向いたオペラなのです。決して例外的な、つまり神様から特別の庇護を受けている英雄や美女が活躍する話ではないのです。そして、市民は、法律や道徳やマナーの中で生きていかなければならない。そういうルールを無視するとろくなことにならないから、我慢する。モーツァルトの登場人物の多くは、そういう人です。

私は今ずばり「フィガロの結婚」、さらには「コジ・ファン・トゥッテ」というオペラを念頭に置いてこう書いています。まずはその二つから述べましょう。

「フィガロの結婚」――複雑なキャラクター

モーツァルトの作った最高のオペラは何か？　いや、彼の最高傑作は何か？　いろいろな答えの可能性があるでしょうが、「フィガロの結婚」（一七八六年初演）と答える人がもっとも多いに違いありません。

場所は南スペインのセビリア近郊にあるアルマヴィーヴァ伯爵の屋敷。ついでに説明しておきますと、オペラの場合、往々にしてこうした地名や場所には大した意味はありません。なぜモーツァルトが暮らすウィーンからはるか彼方に設定されたのか。実は一八、一九世紀はむろんのこと二〇世紀に入っても、劇場は決して表現の自由を保障する場ではありませんでした。新しい作品を舞台にかけるとき、検閲が行われることが普通だったのです。特に王様や政府を批判するのは御法度《ごはっと》でした。反体制派的な内容で観客が興奮して騒動を起こすことを権力者は嫌ったのです。また、その危険性を知っていたのです。テレビもインターネットもない時代、劇場は新しい事件をどんどん取り入れて表現する場でもあったのです。

そこで、場所をはるか彼方という設定にし、上演禁止や内容の改変を回避することが普通に行われていました。ですので、この「フィガロの結婚」にしても、後述するベートーヴェン「フィデリオ」にしても、たとえ場所がセビリアであるにせよ、とりたてて南スペイン風の情緒を生かした作品などではありません。その点が、後世の「カルメン」などとはだいぶ違います。「カルメン」は、あるいはこれも後述しますがプッチーニの諸作は、モーツァルトなどとは対照的に、場所の特徴を生かした物語ですから。

「フィガロの結婚」が演じられるのはアルマヴィーヴァ伯爵家。伯爵は夫人と恋愛結婚しましたが、その際ちょっとやっかいな問題がありました。理髪師だったフィガロに手伝ってもらって、ようやくゴールインにたどりついたのです（その顛末については、のちほどロッシーニのところで触れます）。ところが、熱々だった幸せな時期もいつの間にか過ぎ去り、今では伯爵は夫人に飽きてしまいました。浮気がしたくてうずうずしているのです。伯爵が欲望を感じている女性はスザンナ。伯爵家で働いている使用人で、言ってみればメイドです。ところが、スザンナはフィガロと婚約しており、ふたりはまもなく結婚式を挙げることになっています。伯爵はフィガロのおかげで結婚できたのに、今はこともあろうにその恩人の婚約者を狙っているということです。いやはや、これこそ極悪非道、人間失格と言うほかないでしょう。だが、伯爵にとって、貴族でない平民など、尊重する必要はないのです。何なら、スザンナにお金でも握らせて抱けばいいか、くらいに思っているのです。

伯爵の欲望に気づいたスザンナ、フィガロ、そして伯爵夫人は、激しく憤ります。そして、自分たちの人間としての尊厳を守るべく、戦いを開始します。

そのかいあって、あれこれ込み入った事件が続いたのち、物語は大団円を迎えます。伯爵は自分の軽率さを反省し、伯爵夫人に詫びて一件落着となります。

正直なところをお話ししますと、「フィガロの結婚」は、確かに正真正銘の名作なのですが、初心者が見るのにもっともふさわしい作品かどうかは微妙です。というのも、登場人物が非常に多いし、一度筋書きを読んだくらいでは頭に入らないくらい、ストーリーが入り組んでいるのです。ですから、あらかじめよほどよく人物関係を頭に詰め込んでおかない限り、ステージのそばに表示される字幕を読むのに忙しくて、肝心の舞台をよく見られないという本末転倒にもなりかねません。また、全体では三時間もかかりますから、初心者には長く感じられるかもしれません。気力がみなぎったモーツァルトの音楽といい、ややこしい筋書きといい、情報量がじつに多い力作だけに、かえって鑑賞者をくたびれさせるという一面がないわけではないのです。ですが、「フィガロ」は間違いなくオペラ史において特別な輝きを持つ名作です。

このオペラをひとことでまとめるなら、黄昏を迎えた貴族階級と、これから我が世の春を謳歌する市民階級の対立ということになります。伯爵は、確かに権力者ではありますが、もう力ずくで人々を支配することはできない。きちんと道理を通さないといけない。その伯爵に浮気される夫人は、確かに気の毒ではあるけれど、ただただ嘆いているだけでは事態は改善されない。彼らに比べると、知恵、そして人間としてのプライドをかけて戦うフィガロやスザンナはいかにもすがすがしい。「フィガロの結婚」の中では新しい時代のさわやかな風が吹いています。

このオペラの原作である同名の戯曲を書いたのは、ボーマルシェ（一七三二―九九）というフランス人でした。彼は、もともとは時計作りの職人だったのですが、さまざまなアイデアで貴族を喜ばせ、文筆やらスパイ活動やら、とにかくあらゆることに手を出して成功した人です。しまいには、貴族の身分すら手に入れてしまいました。

このように才覚がある人にとって、凡庸な貴族たちは、実につまらぬ人間に見えたことでしょう。生まれゆえに特権を持っているけれど、人間そのものとしては愚か者にすぎないという例をいやになるほど見たことでしょう。彼がそういう状況に対する怒りや不満を表現したのが「フィガロの結婚」あるいはそれに先立つ「セビリアの理髪師」という劇でした。おもしろいし、ピリ辛の内容だし、たちまち評判となりましたが、王侯貴族に対する反抗心を煽る危険があるということで、上演禁止になったりもしました。こんな物語が、常日頃貴族の愚かさにうんざりさせられていたモーツァルトの気に入ったのも当然です。

オペラにおいては、登場人物ひとりひとりが歌うソロのアリアがたいへん重要なのはむろんです。しかし、「フィガロ」においては、アリアが魅力的なのは当然として、重唱（アンサンブル）がことに大事です。特に第二幕の終わり、つまり前半をしめくくる部分は、オーケストラと声による壮大な交響曲のようです。次々に変わる状況にあわせて変化しながら、徐々に築き上げられる音の大建築。さすがのモーツァルトも、オペラにおいてこれほどまでに見事なアンサンブルのシーンを書くことは、二度とかないませんでした。

ちなみに、演劇において、多くの登場人物が同時に台詞を発することは頻繁には起きません。現実世界においても、複数の人間が大声で話すなど、よほど気持ちが激して我慢できないときだけでしょう。でも、オペラにおいては、重唱は、穏やかでも、激しくても、しばしば聴きどころです。これもまたオペラが現実をそのまま写し取るものではないことを表しています。

「フィガロの結婚」が特に感動的なのは一番最後、これまで好き勝手をしていた伯爵が、夫人の前にひざまずき、許しを乞うシーンです。夫人は寛大にも許します。ここまでドタバタ調だった音楽が、雲が切れて突然晴れた夜の満月のように冴え冴えと澄み渡り、崇高な光が差します。人間はみな愚かなのだ、それゆえ他人を許さなければならないし、自分も許されなければならない。身分や性別や年齢やすべての違いを超えて人間共通の、シンプルでありながら深い真実が示されるのです。

傑作だし人気作なので、あらゆる都市で上演されていますが、私はパリで聴いたマルク・ミンコフスキという指揮者の演奏が忘れられません。彼は、非常に活発でエネルギッシュ、かつ繊細な感覚も持っている名指揮者ですが、伯爵夫人が「あなたを許します」という言葉を発する前にほんの少しの間をおきました。その数秒間、劇場の中は完全な沈黙に支配されました。他人を許すこと、自分を裏切った夫を許すことは、簡単なことではないのです。許さないと言うこともできるのです。しかし、彼女はあえて許すことを選び、決断するのです。その迷いや覚悟、決断の重さがほんのわずかな時間の沈黙によって表現されていて、私は胸を打たれました。なぜ許すのか。それは人間はみな愚かだから。互いに許しあわねばならないから。許さない限り、不幸は終わらないから。

二〇〇年以上前に作られたオペラですが、この結末は現代においてもまったく古びていません。

また、権力者のいいようにはさせない。お金のためにすべてを売ったりはしない。あらゆる人間に尊厳があり、平等でなければならないという強いメッセージも含まれています。

「コジ・ファン・トゥッテ」——悲劇？ 喜劇？

「コジ・ファン・トゥッテ」（一七九〇年初演）は、若い恋人たち二カップルの悲喜劇です。こちらの舞台は、南イタリアのナポリ。

ふたりの男たちが、いかに自分の恋人がすばらしいか、自慢しあっています。それは、普通なら実に微笑ましい情景でしょう。ところが、ドン・アルフォンゾという年配の自称哲学者のせいで、ややこしいことになります。

もうすっかり人間や世の中がどんなものだかわかってしまっているドン・アルフォンゾ

は、うぶな若者たちを見て、からかってやりたいという意地悪な気持ちを抑えられません（それは、本当のことを教えてやりたいというおせっかいな気持ちでもありますが）。そこで、提案するのです。おまえたち、変装して互いの恋人を誘惑してみないか。女たちはきっと浮気してしまうぞ、と。

僕の彼女が他の男に口説かれてしまうなんてあり得ないと笑い飛ばす青年たちでしたが、いざやってみると……。なんと、娘たちは口説かれてしまったのです。それどころか、浮気相手と結婚式を挙げることに……。思いがけない苦い真実に苦しむ青年たち。

式のさなか、青年たちは、正体を現して怒ります。女たちは青ざめます。しかし、このたくらみの詳細が明かされ、なんとか仲直りして幕が下ります。

一応はハッピーエンドなのですが、後味はすっきりしません。二組のカップルはこれから先どうなるのでしょうか。もう今までのような、夢のような恋愛気分には浸っていられないでしょう。「この女は僕を裏切った」「この男は私を疑って、試そうとした」。完全な信頼関係の復活は大いにむずかしいと言わねばなりません。幕切れのハッピーエンドは、説得力がないと感じて当然です。

「コジ・ファン・トゥッテ」に関してはもうずいぶん前から、喜劇風味を抑え、悲劇性を強調するような演出が多く制作されました。常識的に考えればそうでしょう。しかし、モーツァルトの精神に倣《なら》うなら、これはやはり喜劇と解釈するべきではないでしょうか。人間は弱く、欠点があり、罪深いものなのだ、そういう前提を共有できれば、このオペラが発するメッセージとは、他人を試してはならないし、許さなければならないということになるはずです。

『巨人の星』や『愛と誠』といった漫画の原作者として知られる梶原一騎《かじわらいっき》（一九三六―八七）は、「どんな人間も、拷問されれば友人や家族を裏切る」というきわめて悲観的な人間観の持ち主でした。「コジ」に登場する若い女たちは、いわば拷問されたようなものです。女は必ず浮気をするものだ、そんな教訓よりも、人を罪に陥れるようなこと、道を誤らせるようなことはしてはならない、それを私たちは学ぶべきでしょう。

思うに、喜劇、悲劇と言いますけれど、このふたつは実は同じことなのではないか。同じことの滑稽さを際立てれば喜劇になり、悲惨さを際立てれば悲劇ということでしかないのではないか。喜劇と悲劇は簡単にふたつに分けられるほど違うものではないのです。

すぐあとで述べますが、ベートーヴェンはモーツァルトの音楽を高く評価していましたが、「コジ・ファン・トゥッテ」のストーリーはばかばかしくて不道徳だと嫌っていました。堅物のまじめな人らしい感想ですが、実はこのオペラはまったくばかばかしくはありません。むしろ、人間と人間の関係に潜む、もっとも危うい一点を抽出した深刻な作品ではないかと思います。また、このオペラは、恋の夢を見ている若者たちが、苦い現実を知るという物語、つまり一歩大人になるという物語でもあります。

音楽的な特徴としては、ソロのアリアよりも、重唱が多いことが挙げられます。特に女性ふたりによるデュエットは、耽美的なまでに美しいと言うしかありません。

長い間、「コジ・ファン・トゥッテ」は、モーツァルトのオペラとしては玄人好みだとされてきましたが、昨今の若者たちにとっては、「フィガロ」などより親しみやすい物語だと感じられるようになってきたようです。

「ドン・ジョヴァンニ」——暗い影の差す「喜劇」

モーツァルトは子供のうちから、息子を売り込みたい父親に連れられてヨーロッパ各地の宮廷に参上し、王侯貴族の目の前で演奏しましたし、彼らの生活ぶりにも通じていました。そのため、身の丈に合わぬ贅沢を覚えてしまい、馬車だの衣装だの、晩年に至るまで浪費癖が断ち切れず、生活の経済面が不安定になったとされています。

モーツァルトのオペラには、当然のことながら、貴族や騎士といった高い身分の人々が登場します。しかし、モーツァルトはこうした人々を基本的には辛辣に描いているのが興味深いところです。

たとえば、オペラ「ドン・ジョヴァンニ」（一七八七年初演）の主人公ドン・ジョヴァンニは、スペインの騎士です（またもや舞台はセビリアです）。たいへんな女好きで、スカートをはいていれば誰でも口説くというほど。しかし当たり前のことながら、こうしたあまりにも身勝手な生き方は、人々を怒らせます。力ずくで貞操を奪われた女、だまされた女、恋人を寝取られた男、こきつかわれる召使、みながみなドン・ジョヴァンニを恨みます。だが、そんなものはどこ吹く風、ドン・ジョヴァンニには反省の色などまったくなく、悪事を積み重ねます。

彼には財産がありますから、働いたりなどしません。身の回りの世話はレポレロという従者がしています。ドン・ジョヴァンニが悪さをしたら、その身代わりまで引き受けさせられる始末です。レポレロは繰り返し、人に使われる身の不幸を嘆きます。

「フィガロの結婚」のフィガロやスザンナ、そしてこのレポレロ、モーツァルトは、他人に使われる人間の悲哀や自尊心を描くとことのほか力が入るようです。社会において、ほんの一握りを除けば、たいがいの人間、ことに都市住民は他人に雇われたり、命じられたりして生計を立てています。

とりわけ市民社会とは、個人の自由、自立のうえに成り立つ社会。それすなわち、自分が自分のパンを稼がねばならないということにほかなりません。これは、神話や英雄の物語には出てこないことです。

　ドン・ジョヴァンニは悪行の果て、最後は決闘で殺した男の亡霊によって地獄に引きずり込まれるという結末に至ります。

　常識的に考えれば、ろくでもない男が地獄に落ちるという典型的な因果応報の話にほかなりません。けれど、それだけではすまない、何か謎めいた雰囲気が「ドン・ジョヴァンニ」にはあります。それゆえ、これまでにさまざまな解釈が行われてきました。

　たとえば、主人公を、既成のモラルや社会のルールに反抗する一種の英雄のように解釈する人々もいます。一般的な人々はがんじがらめの枠組みの中で生きており、それゆえ彼らは自由なドン・ジョヴァンニを憎むというのです。

　あるいは、自由奔放なドン・ジョヴァンニは、モーツァルトを表しているという説もあります。彼の父親はよき師であると同時に、世故に長《た》けた常識人であり、あれこれ指図する煩わしい暴君でした。凡人の枠からはみ出た天才モーツァルトはその手を離れて自由に生きたかったという史実があるからです。

　また、ドン・ジョヴァンニが次々と女を口説いては捨てる理由は、決して再会できない母親の姿を探し求めているからだという意見もあります。

　こんなふうにいろいろと解釈したくなるのは、たとえば最初の序曲からして、ぞっとするような不気味な音楽だからです。暗鬱で、まさに地獄の邪気が立ちのぼってくるような、一度聴いたら忘れられない音楽です。悪者が懲《こ》らしめられるという典型的な喜劇と見なすには、あまりに深刻かつ生々しすぎるのです。

ただし、モーツァルト自身がこのオペラを喜劇と見なしていたことは間違いありません。それを言葉の通りに受け取り、げらげら笑って楽しむのが本来の鑑賞法ではありましょう。でも、それではすまない何かがある。笑いながらも悲しくなる、ぞっとする、これは「コジ・ファン・トゥッテ」にも通じるモーツァルトのオペラの特徴です。

言い換えれば、この作品に限らず、げらげら笑うだけの無邪気な喜劇が書けないのがモーツァルトという人だったのです。ドタバタ騒ぎを書いたつもりでも、ついつい影が差してしまう、どこか謎めいた感じがしてしまう、そういう音楽を書いてしまうのです。その影や謎がとりわけ際立つのが「ドン・ジョヴァンニ」なのです。

「魔笛」——カオスとごった煮

「魔笛」（一七九一年）は、モーツァルトが人生の終わりに近づいてから手掛けたオペラです。ひとことで言えば、メルヘンのような、非現実的な内容を持つ作品です。

「フィガロの結婚」「コジ・ファン・トゥッテ」「ドン・ジョヴァンニ」の歌詞はイタリ

ア語で書かれています。当時、オーストリアやドイツでは、イタリアの音楽が最高だと見なされていましたから、モーツァルトもわざわざ外国の言葉でオペラを作っていたのです。彼は幼時から外国にたびたび出かけていたので、イタリア語もフランス語も上手だったと伝えられています。

しかし、「魔笛」はドイツ語です。借り物のイタリア語やイタリア趣味ではなく、もっとドイツ的な作品を書きたいという考えがモーツァルトにはありましたし、自前の文化やオペラを持ちたいという機運が、当時の社会には芽生えていました。

イタリア語やフランス語とは、支配者の言葉です。王侯貴族はこれらの言葉を幼時から学びます。が、むろん一般大衆は、特に理由がなければ外国語はできません。ドイツ語のオペラを作るということは、庶民にもわかる作品を作るということを意味します。「魔笛」はモーツァルトと仲がよかったエマヌエル・シカネーダー（一七五一—一八一二）という人との共同作業によって生まれました。シカネーダーは当時ウィーンで非常に人気があった劇団のリーダーで、自らが俳優でもありました。町のまんなか、皇帝が住む宮殿の近くにあるような豪華で上品な劇場ではなく、もっと大衆的な劇場が活動の場でした。それもあって「魔笛」は、台詞と歌が交互に現れる庶民の歌芝居のような形を取っています。

モーツァルトとシカネーダーを結び付けていたのは、フリーメーソンです。ふたりとも会員だったのです。フリーメーソンというと、世界に隠然たる影響力を持つ秘密結社というイメージが日本でも流布していますが、もともとは石工《いしく》の組合だったとか。モーツァルトの時代には、より自由で納得がゆく社会を求める人々が次々に会員になっていました。理性を尊び、徳にすぐれた人間を目指して生きるという啓蒙主義的な考え方は、現代にも通じるでしょう。

「魔笛」には、非常に象徴的なシーンがあります。王子タミーノは、大蛇に襲われて気を失います。ようやく目が覚めたとき、鳥刺《とりさ》しパパゲーノが通りかかります。鳥刺しとは、鉄砲で撃つのではなく、網で鳥を獲る猟師です（今日ではほとんど使われない言葉なので、劇場の字幕制作者が頭を悩まします）。

王子に「おまえは何者だ？」と尋ねられたパパゲーノは「人間だ」と答えます。他方タミーノは、「僕は王子だ」と名乗ります。パパゲーノは、王子と聞いても一向に動じず、それどころか鼻で笑います。自由で平等な人間観、昔からの身分制、このふたつがぶつかり合っています。

しかし、そもそも王子たるもの、大蛇に襲われたとは言ってもはなから戦意喪失、「助けて！」とわめくということ自体、モーツァルトがこうした人々に抱いていた気持ちを気づかせます。ひとりでは何もできない人間、それがタミーノや「フィガロの結婚」の伯爵夫婦に共通しているのです。ちなみに、このタミーノは日本風の衣装を着ている王子という設定になっていますが、この場合の日本とは、はるか遠くの、現実とも思われないような場所程度の意味です。

「魔笛」は、この情けない王子がさまざまな試練を経て、一人前になっていく過程を描いています。主人公の成長を描く教養小説というタイプの文学がかつてドイツでは好まれましたが、「魔笛」もそうした成長物語に含まれるでしょう。ただし、「魔笛」の興味深いところは、そういう理想的な物語と並行して、きわめて俗っぽくて愚かしいパパゲーノが同時に存在していることです。建前と本音、表と裏、そんな二面性が強調され、人間のあり方を相対化しているのです。

このオペラは、まるでこの世がそうであるように、カオスに満ち、いろいろな要素がごった煮になっています。夜の女王という役には、高度なコロラトゥーラの技術が求められますし、彼女の歌を伴奏するオーケストラは実に壮大です。他方、パパゲーノの歌は、民謡のように単純です。暗鬱で荘重な音楽も、かわいらしい音楽もあります。子供も老人も出てきます。

長い間、「魔笛」は一見混乱しているけれど、実は隠された統一性があるはずだと考えられてきました。西洋の芸術においては統一性や調和が決定的に大事な要素だからです。でも、「魔笛」に統一性を求めるのは本当は間違っているのではないでしょうか。私たちは知らず知らずのうちに、すべては合理的に理解できるはずだという信仰、あるいは妄想にとらわれてしまっているのではないか。世界とは、簡単に割り切れるものではありません。また、世界がカオスだからこそ、統一感がある整った芸術作品が美しく感じられるのではないか。しかし、「魔笛」はそういうたぐいの美しさを求めていないからこそ、よりリアルなのではないかという気がします。

「魔笛」には、三人の侍女、三人の童子、というふうに三という数字が何度も出てきます。この三という数字はフリーメーソン思想において重要なもので……といった話は、まあそれはそれで興味深いのですけれど、オペラそのものを鑑賞するためには、さして意味がないでしょう。

モーツァルトのオペラについて語りだすときりがありません。この辺で筆をおくことにしましょう。

5 ベートーヴェン～天才にもできないことがある

「フィデリオ」——唯一のオペラ

ルートヴィヒ・ヴァン・ベートーヴェン（一七七〇—一八二七）は、ドイツの小都市ボンに生まれました。アルコール依存症の父親は、息子をモーツァルトのような神童として売り出すべく、スパルタ教育を施しました。夜中まで練習させ、うまく弾けないと殴りつけるなど、今日の目からするとずいぶんひどい仕置きもしたようです。ともかくも、ピアノの腕前はぐんぐん上達、才能を認められて、やがてウィーンで暮らし始めます。そして、一八二七年にこの世を去るまで、このハプスブルク帝国の首都で名声と尊敬を集めつつ、前人未到の新しい音楽を作り続けました。

ベートーヴェンがクラシックの世界で随一の巨人と見なされているのは、もちろん作品の高い質にもよりますが、交響曲、協奏曲、ピアノ曲、弦楽四重奏曲、ミサ曲など、幅広いジャンルにわたって名作を書いているからです。

ところが、実は、ベートーヴェンが唯一と言ってよいほど苦手にしていたのがオペラなのです。これは、当時としては実に珍しいと言うほかありません。なぜなら、一八世紀から二〇世紀初頭まで、作曲家として成功するとは、劇場で、すなわちオペラを書いて人気を得るということを意味していたからです。このあたりは、日本では感覚としてわかりにくいかもしれません。ヨーロッパのある程度の大きさの町のまんなかには劇場があり、それが夜の娯楽において大いに重要だったのです。今日でも、オーケストラやピアノのコンサートに行かない人もオペラは見ます。爆発的な人気とは、コンサートホールではなく劇場で獲得するものだったのです。

むろん、ベートーヴェンも手をこまねいていたわけではありません。作曲家である以上、オペラの傑作をものにしたいと野心を抱いて当然です。にもかかわらず、彼がなかなかオペラを世に問うことができなかったのは、まず性格の問題がありました。ベートーヴェンはまじめな人で、喜劇的なオペラを嫌っていました。モーツァルトの作品すら、音楽はすばらしいのに、ストーリーがひどいと評したほどです。

のちほど取りあげますが、イタリアのロッシーニという作曲家は、ウィーンでもベートーヴェン以上に人気がありました。ベートーヴェンはロッシーニの才能を認めつつも、その状況があまりおもしろくなかったようです。ロッシーニには、君は喜劇以外は書かないほうがいいとアドバイスしたとも伝えられています。確かに、ロッシーニが人気を勝ち得たのは、とりわけ喜劇の傑作をいくつも発表していたからでした。

しかし、そんなベートーヴェンの琴線《きんせん》に触れる題材がようやく見つかりました。そして、あれこれ苦労の末、ようやくオペラハウスのレパートリーとして定着しました。それが彼の唯一のオペラとなった「フィデリオ」です。

苦労の末と書きましたが、「フィデリオ」は最初「レオノーレ」という題名で完成されました。残念ながら、初演（一八〇五年）は不評でした。その理由は、ちょうどナポレオン軍がウィーンに入ってきた時期で、ベートーヴェンの支援者だった人々が町を逃げ出していたからとか、観客の大半がフランスの兵士たちだったので、ドイツ語が理解できなかったからとか言われています。が、やはり作品自体にも問題があったのです。

友人らが、失敗に懲《こ》りて作品を放り出そうとするベートーヴェンを励まし、修正を施されて完成したのが、題名も改めた「フィデリオ」（一八一四年初演）です。

喜劇が書けないベートーヴェンの気に入った題材とは？　それは、正義を求め、強く愛し合う夫婦の物語でした。

場所はスペイン、セビリアの近辺の刑務所。時代は一八世紀。フロレスタンとレオノーレは仲が良い夫婦でしたが、正義漢のフロレスタンは刑務所長の悪事を暴こうとして、逆に捕えられ、牢につながれてしまいました。待っても待っても彼が釈放される可能性がない今、レオノーレは何が何でも夫を助け出さねばならないと決意します。といっても、牢に忍び込むのは容易ではありません。そこでレオノーレは一計を案じ、男装してフィデリオと名乗り、刑務所に雇われて、チャンスを狙うことにしたのです。

この作戦はうまくいき、まじめな働きぶりで信用を得たレオノーレは、ついに夫がいる最奥の牢に到達します。哀れ、愛する夫は虐待により衰弱し、命の火がまもなく尽きようという様子。しかも、悪事がばれそうになって焦った刑務所長は、完全に口を封じるために彼を殺そうとするのです。

そうはさせじとレオノーレが飛び出し、正体を明かすと、一同はあまりの意外さに呆然。が、気を取り直した悪者が死ねとばかりにナイフを突き出したその瞬間、ラッパが朗々と鳴って、視察のために牢獄を訪れることになっていた大臣の到着が告げられます。さしもの悪者もこれで観念、レオノーレとフロレスタンは、間一髪助かるのです。

傑作なのか……？

この作品が作られた時代、危機一髪で助かる「救出オペラ」というものが流行していたと伝えられています。なるほど「フィデリオ」はスリルがあると言えばあります。とはいえ、演じられる舞台が最初から最後まで刑務所というのはまずくないでしょうか。どうしたって華やかさなど求められない場所ですし、登場するのは囚人とそこで働く人たちばかり。きれいな衣装を着る場面があるわけがないし、舞踏会のシーンなどもあり得ない。やはり、劇場を訪れる大多数の人々は、意識することもなく華やかさを求めています。この点だけでも、灰色の情景が続くこの作品は、人気を得るには最初から不利な設定ということになります。

ベートーヴェンには劇場において効果を発揮する音楽を書く才能が乏しかったことも否定できません。たとえば、序曲が終わって幕が開いた最初の場面は、脇役の男女ふたりのいさかいです。正直言って、どうでもいいようなつまらない言い争いです。モーツァルトの「魔笛」では、幕が開くと、いきなり大蛇が王子を襲っています。「ドン・ジョヴァンニ」では、レイプされそうになった女が悲鳴をあげ、決闘が行われて、死人が出ます。あっという間に見ている者は劇の世界に引きずり込まれます。それに比べて「フィデリオ」はなんとも冴えません。

また、くそまじめなベートーヴェンの性格が災いし、このオペラの喜劇的なシーンは、重ったるくて、どうにもあか抜けないのです。

悪事がばれそうになった刑務所長がナイフを振り回しながら、「殺してやる!」と歌うのも滑稽です。さっさとやってしまえばよいのに、長々と歌っていて手遅れになってしまいます。それがオペラだと言えばその通りなのですが、なんとも間抜けな感じがするのは、やはり音楽に真の強さや緊迫感が足りないからです。

それどころか、なんだかどうでもいいようなつまらない音楽もあります。一番最後の喜びの合唱が力強さに欠けているのはいかにしたことでしょう。妙に軽いのです。ベートーヴェンがもっとすごい歓喜の音楽を書ける人であることは、交響曲第五番あるいは第九番などで明らかなだけに、不可解です。

にもかかわらずこのオペラが上演され続けてきたのは、いくつかのすばらしい音楽が含まれているからです。たとえば、牢獄、それも誰も立ち入れない一番奥に鎖でつながれ、まもなく飢え死にするという悲惨な状況に置かれているフロレスタンが、それでも希望を失わないで正義を信じようとするアリアです。これなどは実にベートーヴェンらしい、絶望がじわじわと希望へ変わっていく名曲に違いありません。

ただし、再び批判になってしまいますが、ベートーヴェンは声の美しさや特徴を際立てるような音楽作りが苦手でした。すでに説明したヘンデル、それにベートーヴェンと同時代に人気を博したロッシーニとは、それが決定的に異なります。ベートーヴェンは子供のときにピアノを叩き込まれたせいか、発想が器楽的なのです。歌手の都合を無視しがちで、結果として歌いにくくむずかしい曲になってしまいます。

世界中でこのオペラを上演しない劇場はおそらく存在しないでしょう（たいへん皮肉なことに、ナチ政権下のドイツでもっとも頻繁に上演された作品はこれでした）。けれど、もしこのオペラが、ベートーヴェンという誰もが知る大作曲家の作品でなかったら、これほどまでに頻繁に上演されるだろうか。私は時折そんなふうに意地悪に考えたくなるのです。

どうも、あまり辛辣なことを書きすぎたでしょうか。最後に一ヵ所、興味深い点を指摘してせめてもの罪滅ぼしとすることにしましょう。

刑務所で働いているロッコという人物がいます。非現実的なくらい理想的な人物として描かれているフロレスタンやレオノーレ、極悪人として描かれている刑務所長、彼らに比べれば、ロッコは実に現実主義的なごく普通の人間です。得をしたいという気持ちはあるけれど人殺しをするほどではなく、親切でもあれば娘の心配もするという、当たり前の善人です。彼が、実は女性であるフィデリオ＝レオノーレ、彼（女）と結婚したがる娘、このふたりに向かって、「愛も大事だが、この世を生きていくためにはお金も大事だ」と唆すシーンがあります。滑稽めかしていますが、案外ベートーヴェンの本心を表しているのかもしれません。この偉大な作曲家は若いころ「なくした小銭への怒り」というピアノ曲を書いています。そんなことまで音楽で表現したくなるのが、生まれながらの音楽家の性なのでしょうか。

本音はともかく建前としては、封建社会においては名誉が大切でした。が、市民社会になると、名誉よりお金が大事になります。お金への関心や執着をこれだけ正面から描けるという点でも、ベートーヴェンは新時代の作曲家だったのかもしれません。

6 ウェーバー～天性の劇場人

モーツァルトと並ぶ天才

ベートーヴェンの「フィデリオ」について書いていたら、いつの間にか辛辣なことばかりになってしまいました。ベートーヴェンが偉大な作曲家であることは間違いありませんが、その天才とて万事にすぐれていたわけではなく、不向きなところでは無様なほどに不器用だったと痛感させられます。

そんなふうに感じるとき、いつも私の脳裏にはモーツァルトとウェーバーがあります。モーツァルトについてはすでに述べましたから、ここではウェーバーを取り上げましょう。

カール・マリア・フォン・ウェーバー（一七八六―一八二六）は北ドイツで生まれました。ベートーヴェンより一五歳ほど年下ということになります。が、残念ながら、結核により早世してしまいました。もし彼が長生きだったら、オペラの歴史がいくらか変わったかもしれません。

ウェーバーは、ベートーヴェンとは真逆の作曲家です。つまり、どのような音楽が劇場では効果的なのかをよく理解していたのです。それも不思議ではありません。父親は劇団の主宰者で、彼はいわば劇場育ちも同然の音楽家でしたから。子供時代のウェーバーは、人に教えられなくても、自分の目や耳でいろいろなことを学びました。その点、元来がピアニストで、しかも徐々に耳が聞こえなくなってしまったベートーヴェンは、劇場の雰囲気や劇場音楽のあり方に習熟する機会が乏しかったことは否めません。

「魔弾の射手」——ドイツ・オペラ最初の傑作

ウェーバーはピアノ曲なども書きましたが、最高傑作はやはりオペラ「魔弾《まだん》の射手《しゃしゅ》」(一八二一年)です。ドイツにドレスデンという町があります。かつてはザクセン王国の宮廷が置かれていました。現在でもこの町のオペラハウスは世界有数の名声を得ていますが、かつて宮廷歌劇場と呼ばれたそこでウェーバーは活躍しました。このドレスデンは、チェコから近く、電車に二時間ほど乗ると首都プラハに着いてしまいます。「魔弾の射手」はドイツ・オペラの名作と言われますが、その舞台はボヘミア、つまりチェコの森です。地続きですから文化や歴史が大いに重なり合っているのは当然です。「魔弾の射手」の真の舞台、真の主人公は、この森かもしれません。森は、人々に食べ物や薪《まき》を与えてくれると同時に、どこかしら不気味で底知れぬものを感じさせます。ウェーバーに限らず、ドイツの芸術や文化においては、この森がしばしば重要な意味を持ちます。

「魔弾の射手」の序曲は、これだけでも好んで演奏されるほど有名な音楽ですが、だてに有名なわけではありません。鳴り出したとたんに観客をオペラの世界に引き込むだけの強烈な表現力を持っています。真っ暗になったオペラハウスに、どす黒い不気味なオーケストラの音が鳴り渡る。すると、それだけでこれから始まる劇への期待が高まります。たっぷり一〇分以上をかけて暗さ、明るさ、絶望、希望、さまざまなシーンや感情を喚起していきます。ついでに記しておきますと、もともとオペラの序曲あるいは前奏曲とは、オーケストラだけで奏される数分から十数分の音楽です。開演時間になっても遅れてくる人がいますから、そういう人への対応も含めて演奏されていたのですが、徐々にドラマの内容を暗示するシリアスなものになっていきました（当然、現代においては遅刻した人は幕間《まくあい》あるいは休憩になるまで観客席に入れてもらえません）。

その序曲もたいへん印象的なのですが、さてそれが終わり、幕が開くと、いきなり人々が歓声をあげています。「勝った！」「勝った！」と叫んでいます。たちまち私たちは話の真ったただ中に放り込まれるのです。やはり、劇場作品はこうでなければいけません。しつこいようですが、このような作劇上のセンスがベートーヴェンには欠けていたのです。

さて、「魔弾の射手」とはどういう話なのでしょう。魔弾とはいかにも不吉な言葉ですが、実際、これは魔法、それも邪悪な魔法によって作られた弾丸のことなのです。

主人公マックスは、射撃の腕が立つ若者。しかし、今は強いプレッシャーのせいでスランプに陥っています。近々領主の前で行われる試し撃ちで、腕前を披露しなければならないのですが、これは彼にとっては、文字通り人生がかかったたいへんな行事です。というのも、愛するアガーテと結婚するためには、決して撃ち損じてはならないからです。見事に成功させないと結婚が認められないのです。

そのアガーテは森林官の娘。森林官とは、密猟を取り締まったり、人々の生活に密着している森の秩序を守るのが仕事です。マックスが試し撃ちに成功すれば、名誉あるこの地位が手に入り、アガーテと結婚することができるのです。

緊張すればするほど弾が当たらなくなって悩むマックスに、カスパールが近づいてきます。飲んだくれたり、博打に興じたり、札付きの不良として知られている男です。その彼が、親切ぶってマックスに言うのです。

「必ず命中する弾があるのを知っているか。何ならいっしょに作らないか」

この弾は魔弾と呼ばれ、悪魔と契約を結んでこしらえるという恐ろしい代物です。こんなものを作ったり使ったりしてはいけないと知りながらも、目の前ですさまじい威力を見せつけられたマックスは、誘いに乗ってしまいます。

カスパールがマックスにこんな話を持ち掛けたのには理由があります。彼はすでに悪魔と契約を結んでいるのですが、まもなくその期限が来て、魂を取られてしまうのです。だからその前に、自分の身代わりとなる犠牲者を悪魔に引き渡したい。

ではどうやって弾を作るのか。マックスとカスパールは、真夜中におおかみ谷という場所で落ち合います。おおかみ谷は、人々から恐れられている不気味な場所。悪魔、悪霊がいるとも噂され、近づく人はいません。カスパールは、そこに悪魔を呼び出し、その力を借りて弾を作るのです。この場面は、「魔弾の射手」においてとりわけインパクトが強い箇所で、ウェーバーの独創性が際立ちます。初演後たちまち大人気を博したのもうなずけます。私にしても、劇場でこの場面を見るたびについついわくわくしてしまいます。今日はどのような仕立てで見せてくれるのか、それが「魔弾の射手」を見に劇場に行く楽しみのひとつでもあります。

いよいよ試し撃ちの日がやってきます。実は魔弾には、あえてカスパールが黙っていた恐ろしい秘密があります。六発は、撃つ者が望むものに命中するのですが、七発目が何に当たるかは悪魔が決めるのです。

カスパールは、この最後の弾がアガーテに当たることを目論んでいました。というのも、かつて彼はアガーテに求愛したものの相手にされなかったという苦い思い出があったのです。その恨みを晴らし、アガーテ、マックス、ひいては自分に辛く当たる森林官に復讐したいのです。

すさまじい銃声が響き渡ります。ところが、弾は、アガーテではなく、カスパールに命中します。というのも、アガーテのそばに聖なる隠者がいたために、邪悪な魔法の力が彼女に及ばなかったのです。いよいよ息絶える瞬間、カスパールは天と悪魔を呪いつつ、死んでいきます。そのおぞましさに身震いする人々。死ぬ前には悔い改めて神の許しを求めるのが、キリスト教の常識です。尋常でないありさまに、真相を言えと領主がマックスに詰め寄ります。

観念したマックスは魔弾の秘密を告白します。人々は、呆れ、恐れながらも、同情します。しかし、激怒した領主は、マックスに永久追放を言い渡します。彼を擁護する人々の声も領主の意見を変えることはできません。ちなみに追放というのは、単にそこから出ていけというだけの意味ではありません。たとえば中世においては、人として認められない、法によって保護されないということまで意味したのです。殴られようが殺されようが、かまってもらえなくなるのです。

と、そこでひとりの男が前に歩み出ます。先ほどアガーテのそばにいた隠者です。隠者とは、敬虔な宗教者で、教会や修道院の中ではなく、あえて野や森で質素な暮らしをし、日々を祈りに捧げている一種の修行者です。この隠者も、近隣の人々から尊敬されていました。

隠者は、領主に提案をします。「なるほどマックスは道に外れたことをしてしまったが、誰でも心に弱さはあるもの。射撃に成功しなければ恋人も未来も失うというプレッシャーを加えられた彼の苦しみは理解できる。よって、一年間猶予を与え、彼がまじめに生きるようなら、許してやったらどうか。それに、過大なプレッシャーを与えて人を不幸にするような試し撃ちという伝統は、もうやめたらどうか」。領主はこの言葉に賛同し、一同歓喜のうちに幕が閉じられます。

こうして、悪魔に対するキリスト教の勝利、闇に対する光の勝利が確定されます。バロック・オペラでは、最後に「機械仕掛けの神」が登場し、悲劇がハッピーエンドにむりやり転じることが好まれたと前に書きましたが、「魔弾の射手」の隠者も、この「機械仕掛けの神」の一種のバリエーションですね。

このオペラはドイツでは、大人が子供を初めてオペラに連れていくときに好んで選ばれる作品です。確かに教訓的な内容は、悲恋ものなどより子供向けかもしれません。

けれども、「魔弾の射手」が真に名作なのは、これが単なる勧善懲悪の話ではなく、もっと深い人間の心の闇を表現しているからなのです。たとえば、なぜカスパールは悪魔と契約して魔弾を作ったのか。それは他人より多くの獲物を手にしたかったからというような単純な理由ではありません。従軍経験のあるカスパールは、悲惨な戦争を生き延びるために、悪魔の誘惑に負けたのです。まわりもよく見えないような煙や霧の中、敵の弾がどこから飛んでくるかわからないまさに死と隣り合わせの状況で、彼は生き延びるために悪魔の力を借りたのです。そんな修羅場を経験した彼が、その瞬間さえ楽しければよいとばかりに酒や博打に溺れてしまうのは、決して理解できないことではありますまい。

「魔弾の射手」が奥深いのは、一応ハッピーエンドが提示されますが、それもしょせんこの場限りのものに過ぎないのではないかと観客に感じさせるところです。人間の幸福なんて、危ういもの。このオペラにおいて、暗い音楽の迫真性に比べれば、明るい音楽は何ともか弱い感じがします。

「魔笛」はいかにも軽く、「フィデリオ」は不器用ということで、ドイツ語で歌われるオペラの最初の傑作はこの「魔弾の射手」だと私は考えます。このあとで述べるワーグナーもウェーバーの強い影響を受けました。特に暗黒的な、あるいは神秘的なオーケストラの響きは、ウェーバー譲りです。

マルシュナー——忘れられたオペラ作曲家

ただし、ひとつだけ書き添えておきましょうか。今日ほとんど忘れられてしまっていますけれど、実は、ウェーバーとワーグナーの間の世代で、ハインリヒ・マルシュナー（一七九五―一八六一）という作曲家がいました。「吸血鬼」（一八二八年初演）というオペラが、タイトルが扇情的なこともあって、時々上演されます。代表作とされる「ハンス・ハイリング」（一八三三年初演）は、タイトルが地味というか、これだけではどんな物語かわからないせいか、本当にまれにしか上演されません。

しかし、マルシュナーは十分魅力的なオペラ作曲家です。「ハンス・ハイリング」における、地霊の女王と、人間の女を好きになってしまったばかりに地霊の世界を捨てようとする息子の葛藤は、その根本においては、家庭悲劇、市民悲劇でありましょう。設定は超自然的でおどろおどろしい音楽もありますが、ドラマの基本は案外リアルなのです。

ワーグナーという並外れた天才がいたがゆえに、マルシュナーは忘れられてしまったようですが、惜しい気がします。

7　フランスのグランド・オペラ

「見世物」としてのオペラ

グランド・オペラと呼ばれるものがあります。壮大なオペラ？　いいえ、そういう漠然とした意味ではなく、特定のジャンルやスタイル、歴史的な概念、とにかく限定的な意味です。

モーツァルトの最晩年からベートーヴェンが活躍している時代、つまり一八世紀から一九世紀にかけて、ヨーロッパは大きく変わりました。フランスでは革命が起きて王政が崩壊し、それがヨーロッパ中に強い影響を与えたのです。そして、フランス革命のあと、揺り戻しなどもあって決して一直線に進んだわけではありませんが、徐々に市民社会が確かなものとなっていったのです。

となると、オペラも変わっていきます。もはや宮殿で上演されていたような上品で優雅な作品を作ったり求めたりする人はいなくなります。もっと大きな会場で、もっとたくさんの人たちに見せる形が取られるようになります。大衆は刺激的なものを好みますから、げらげら笑える喜劇か、悲惨で残酷なストーリーを見せ場たっぷりに仕立てるのが好評を得るコツとなります。オペラの新しい客は、いち早く裕福になった、こう言っては何ですが、成金の市民たちでした。裕福になった者は、王様や貴族のまねをしたがる。ヨーロッパの文化とはこのように上から下へと流れて形成されていったのです。

グランド・オペラとは、そんなふうにいち早く市民社会の時代が到来したパリにおいて、一九世紀前半に栄えた、特定の姿をしたオペラのことです。上演は三時間以上かかり、幕の数も多く、途中に長めのバレエのシーンがあって、観客を喜ばせます。ひとことでスペクタクルと言ってしまってもあながち間違いではありますまい。もっとわかりやすく言えば、ショーです。

当時、パリにはいくつも劇場がありましたが、それらは政府の管理下に置かれていました。どの劇場でどんな演目をやるか、事実上政府が決めていたのです。一番大掛かりで本格的な上演を行うのが、オペラ座でした（どうも私はこの日本語の呼称になじめませんが）。すぐあとに述べるワーグナーやヴェルディのような大作曲家も、本来彼らの本質はまったくここ向きではなかったのに、パリでの成功を求めてグランド・オペラを意識した作品を作りました。また、名前と序曲だけは誰でも知っているでしょう、ロッシーニの「ウィリアム・テル」（一八二九年）もパリで初演されたグランド・オペラなのです。とにもかくにも、オペラ座はヨーロッパのもっとも重要なオペラハウスのひとつだったのです。

さまざまな作品が上演され、喝采を受けましたが、今日まで生き残っている作品はそう多くはありません。特に二〇世紀には、グランド・オペラは古臭くて大味で空疎と見なされがちでした。しかし、近年、見直しの機運があるようです。偏見なしに接してみると、やはりある時代の観客を熱狂させただけの理由があるのです。とはいえ、登場人物が多いし、上演にお金も時間もかかるため、日本ではなかなか見ることができません。

マイアベーア「悪魔のロベール」と「アフリカの女」

そのグランド・オペラの代表的な作曲家が、ジャーコモ・マイアベーア（一七九一―一八六四）です。実はこの人は生粋のフランス人ではなく、ドイツ出身です。フランス・バロック音楽の大物リュリがイタリア出身だったり、ロンドンで活躍したヘンデルがドイツ出身だったり、やはりパリで大成功を収めたオッフェンバック（後述）がドイツ出身だったり、ヨーロッパのオペラ界、音楽界は、国境を越えた才能の行き来によって豊かな実りを得たのです。

マイアベーアの作品として、まずは「悪魔のロベール」（一八三一年）について書きましょう。題名からして好奇心をそそる作品です。

主人公ロベールは、若いノルマンディ公爵。悪魔である父親と、人間である母親の間に生まれました。でも、ロベールは父が悪魔であることを知りません。

父は、正体を偽って、ロベールの友人となっています。そして、息子を少しずつ悪魔の世界へと誘導していくのです。が、間一髪、ロベールはすんでのところで破滅を免れます。いささか自堕落な男ですが、彼を愛する女の愛情によって助けられるのです。

一九世紀の観客を喜ばせたこのオペラでもっとも衝撃的なシーンは、実はバレエです。グランド・オペラでは、バレエが見どころのひとつでしたが、「悪魔のロベール」においてことさらそうであった理由は、神を裏切った罰当たりな修道女たちが、ひととき墓から蘇り、不気味かつエロティックに舞ったからです。修道女の亡霊は、悪魔に命じられるまま、ロベールを誘惑し、罪悪へと導こうとします。その場面では、歌うのは主人公のみ。亡霊たちは、言葉を発せず、無言のまま妖しい踊りを続けます。確かに、非常に効果的に作られているシーンです。

「アフリカの女」（一八六五年）は、マイアベーア最後のオペラです。主人公は、読者もきっと世界史で学んだでしょう、初めて喜望峰を回ってインドに到達した有名な冒険家ヴァスコ・ダ・ガマです。

ストーリーは、ひとことで言うと、ふたりの女の愛と嫉妬の間で翻弄される男の話です。女のひとりは、ポルトガルの有力者の娘。もうひとりはアフリカから連れて来られた奴隷。でも、奴隷とはかりそめの姿で、実はある国の女王なのです。なんとヴェルディ「アイーダ」にそっくりの設定ではないですか。

最後、自分の恋は破れたと悟った女王はもはや生きる気力を失い、服毒して死にます。その一方で、探検に成功したガマは、意気揚々と故国へ戻っていきます。

このオペラでは、植民地獲得に乗り出す西洋が肯定的に描かれ、勝利します。他方、未開国の女王は自分の敗北を知り、自決します。邪悪で残酷に描かれる異教徒といい、今となっては眉を顰《ひそ》めるしかない物語ではありますけれど、だからこそ当時の平均的な感覚や理解が示されていることもまた確かではあります。

アレヴィ「ユダヤの女」

しかし、マイアベーアにもまして私がぜひとも触れたいと思うグランド・オペラは、ジャック・フロマンタル・アレヴィ（一七九九―一八六二）の傑作「ユダヤの女」（一八三五年初演）です。

この作品は、一九世紀には非常に人気があり、ワーグナーからも称賛されましたが、大作ということ、またおそらくはこれから述べるようにストーリーが生々しすぎるがゆえに、その後上演頻度がぐんと落ち込んでしまったのです。二一世紀に入って再び各地で取り上げられるようになりました。

一四一四年、ドイツのコンスタンツ。異教徒にもキリスト教徒と同様の権利が認められるべきかが激しく議論された、歴史上有名な公会議が物語の背景です。

主人公は、ユダヤ人の金細工師エレアザール。彼はかつてキリスト教徒に家族を焼き殺されるという残酷な仕打ちを受けました。けれどもその際、大混乱の町の中で助けた女の子、ラシェルを娘として育て、せめてもの慰めとしています。実はこの娘の真の父親は、金細工師の仇敵であり、のちに枢機卿に出世したブロニだったのです。

時を経て、娘は美しく成長し、恋人もできました。しかし、この恋人は、実は皇太子でキリスト教徒。しかもすでに結婚しているのですが、それを隠しています。

偶然によって恋人の秘密を知り、だまされたと激怒したラシェルは自暴自棄になり、自分たちは厳しく禁じられている異教徒間の交際をしていると群衆の前で明らかにします。これは死刑に値する重罪です。ラシェルは煮えたぎる油の中に放り込まれて処刑されることになります。

まさにその処刑の瞬間、金細工師は枢機卿に「あれはおまえの娘だぞ」と告げます。呆然とする枢機卿……。

陰惨きわまれりとしか言いようがないストーリーです。異教徒どうしの憎悪、暴力、復讐が生々しく描かれます。弱い立場のユダヤ人とて決して無垢の犠牲者ではありません。彼らの頑迷さや非寛容も容赦なく描写されています。だからこそ、悲劇の闇はいっそう濃くなります。

作曲者アレヴィはユダヤ人でした。なのに、こんな残酷な話をよくも娯楽大作に仕立てたものです。いや、おそらく彼は、オペラ座で観劇する金持ちのための娯楽を装いつつ、自分の思いをこの作品の中で表したのでしょう。ことに後半の音楽は精彩があり、絵空事ではない真実味があります。反ユダヤ主義はヨーロッパの歴史における汚点のひとつですけれども、同時に、「ユダヤの女」のようにそれを指弾する作品が作られ、上演されてきたことを忘れてはならないでしょう。

私がミュンヘンで見たカリスト・ビエイトの演出では、最後、客席まで熱さが届くほど強い火が使われ、文字通り、自分の肌でもって起こっていることの残酷さを感じさせられました。オペラはまずもって目や耳で感じるものですが、まさか肌でも感じさせられるとは。それは非常に新鮮で衝撃的な経験でした。たとえ昔の作品でもオペラは生きている、それを感じるかどうかは舞台を作る側、見る側、双方の想像力や理解力によるのです。

8　ワーグナー～巨大な、あまりにも巨大な

「過剰の人」

リヒャルト・ワーグナー（一八一三―八三）は、ひとことで言えば、巨人です。オペラ、ことにドイツ・オペラの代名詞と言ってもよい。ワーグナーのいないオペラの歴史は考えられません。ついでに言うと、それどころか、ワーグナーのいないドイツ、ドイツ文化史、ドイツ史、否、それを超えてワーグナー抜きのヨーロッパ文化史も考えられないでしょう。そんな作曲家、芸術家が他にいるでしょうか。たとえば日本やアメリカの歴史の中で、ひとりの芸術家がそこまでの地位を占めるなんて、想像もできません。もし日本において明治維新以後で最大の文化人は誰かと問えば、おそらく夏目漱石《なつめそうせき》と答える人がもっとも多いのではないかと思われますが、ワーグナーの存在感はその比ではないのです。

ワーグナーは、あまりに偉大すぎ、あまりに興味深い人間なので、彼について細かく述べはじめると、たちまちのうちに分厚い本が書けてしまうでしょう。ドイツでは、文豪ゲーテに次いで多く研究されているのがワーグナーとも言われています（ということは、ゲーテのいないドイツも考えられないということですが、それはさておきましょう）。日本にもワーグナーに夢中になっている人、研究している人は非常に多い。中には明治時代の人たちのよう

に「独逸《ドイツ》のワグネルと云う作曲家はすごい」と、実際に音楽も聴かないうちから賛美する、いささか気が早い人たちもいました。ワーグナーが生まれたのは一八一三年。死んだのが一八八三年。ということは、明治時代の人々にとっては、ワーグナーはほとんど同じ時代の西洋人ということになります。西洋の文化を取り入れるのに熱心だった明治人にとって、ワーグナーは最先端の芸術家だったのです。

さて、そのワーグナーの人間性や芸術をむりやりひとことでまとめてしまうなら、〈過剰〉の人と言えるでしょう。普通はここまでやらないというところまでやる。一線を越えるまでやらないと気が済まない。諦めが悪い。よって、必然的に非常識な人間ということになります。やたらと理屈っぽいかと思うと、感情に走る。どちらにしても、起伏、振れ幅がすごい。そして、世界の中心は自分でないと気が済まない。芸術家にはありがちな傾向ですが、その徹底度が尋常でないのです。彼は、自分こそが芸術界の王様でありたいと願い、実際、晩年にはその夢をかなえました。ヨーロッパ各地から身分の高い人々、いわゆるセレブたちが大勢、ワーグナーのオペラを見るために、彼の劇場にやってきたのですから（ワーグナーは自分の作品を見せるために専用の劇場まで建てたのです）。

ついでに言うと、彼はオペラという言葉にも異を唱え、ドイツ語でムジークドラマという言葉を好んで使いました。日本語では楽劇《がくげき》（楽しい劇という意味ではなく音楽によるあるいは音楽を伴った劇という意味です）と訳されます。

　しつこくて、執念深くて、むやみと精力的で、妄想に憑かれたような男。彼が性格的に問題がある人物だということには、多くの人が気づいていました。しかし、それでもひかれてしまうのですから、作品がすばらしいだけでなく独特の人間的魅力があったのでしょう。

反ユダヤ主義の暗い影

　だが、ワーグナーが、ドイツやドイツ文化にとって、あるいはヨーロッパにとって忘れられない、忘れてはならない人物であり続けているのは、そのマイナス面ゆえでもあるのです。彼は反ユダヤ主義者だったのです。

　反ユダヤ主義。ユダヤ人に対する差別や迫害。これはヨーロッパが持つ暗黒の恥部です。もともと、共同体や社会は、敵を作り出し、これを迫害したり、排除したりすることによって、自分の存在感を際立てる、あるいは結束を強くするという、たいへん嫌な一面があります。また、人間には、弱い者をいじめてうさをはらす、または、すべてを他人のせいにして自分の責任をごまかすという、まことに罪深い一面があります。ヨーロッパの歴史の中でしばしばそのターゲットとなったのがユダヤ人でした。ナチス・ドイツが行ったユダヤ人虐殺やアウシュヴィッツ強制収容所については、誰もが知っているでしょう。でも、別にナチの時代になったからユダヤ人を虐待するようになったのではありません。はるか昔から、ヨーロッパに住むユダヤ人は、さまざまな差別を受け、ひどい目にあわされ、いわれなき罵《のの》りを受けていました。もちろん、心ある人たちもいました。ユダヤ人にも同等の権利を与えたり、保護する王様たちもいたし、彼らを擁護するジャーナリストもいました。が、ことあるごとに、まるで突然持病がぶり返すかのように、ユダヤ人への憎悪はヨーロッパ各地で繰り返し高まったのでした。

ワーグナーは、まず第一には音楽家でありますが、執筆活動も熱心に行っていました（作曲家の中には文字を書くのが好きだった人も多く、ベルリオーズ、シューマン、チャイコフスキーなどはそれで収入を得てもいました）。彼は、著作の中で、性懲りもなくユダヤ人への敵意をむき出しにしました。特に若い時期には、自分がなかなか成功できないのは、音楽界や劇場をユダヤ人が仕切っているからだと信じました（グランド・オペラのところで取り上げたマイアベーアはその典型です）。その反面、自分の芸術を褒めたたえるユダヤ人を利用することは躊躇しませんでした。いくら偉くても、あまり近づきたくない人に違いありません。

もっとも、反ユダヤ的な人間など、当時はいくらでもいたことでしょう。ワーグナーの場合、特に問題なのは、ナチ、ことにあのアドルフ・ヒトラー（一八八九—一九四五）がワーグナーの愛好者だったことです。とりわけ、ドイツ芸術を称揚する「ニュルンベルクのマイスタージンガー」という作品は、ゲルマン民族の団結を訴えるものとしてナチに利用されやすい性格を持っていました。

ナチ時代を経験したユダヤ人にとって、ワーグナーの音楽は耐え難いものとなりました。ホロコーストからこれだけ時間が経った今でも、イスラエルでは、なかなかワーグナーを演奏することができません。いくら偉大な芸術とはいえ、ナチ時代の記憶、事実は消せません。ときたま演奏が試みられる場合もありますが、結局はうまくいかないようです。

ヒトラーは、ワーグナー作品を好んだばかりではなく、ワーグナーが自作上演のために創設したバイロイト音楽祭を陰に日向に援助しようとしました。また、ワーグナーの子孫の中にもヒトラーを利用しようとした人がいました。それゆえ、戦後の音楽祭は、まずナチ色を消すところから再出発しなければならなかったのです。

戦後のドイツの政治家にとっても、ワーグナーは鬼門になりました。ドイツの政治家には、恵まれた家庭出身の人も少なくありません。当然、さまざまな文化的素養を持っていて、音楽好きも珍しくありません。しかし、政治家がワーグナーを賛美したり、バイロイト音楽祭に出掛けるには、大いにリスクが伴います。ワーグナーの反ユダヤ思想の同調者と誤解されるかもしれません。その点、モーツァルトやベートーヴェンを好むのは安全です。もっとも、ナチがワーグナーを利用したというのは、作曲家本人のあずかり知らぬことではあります。

禁じられた愛の物語

ワーグナーは、極端なエゴイストでした。そのせいでいろいろな人の人生を変えてしまいました。最初の妻が死んだのち、自分の作品を積極的に演奏してくれる名指揮者の妻を奪って再婚しました。恵まれない時期に自分を援助してくれたスイスのお金持ちの奥さんと、怪しい関係になったこともあります。

南ドイツのバイエルン王国の王様ルートヴィヒ二世（一八四五―八六）とワーグナーの交遊もよく知られています。ワーグナーが借金で首が回らなくなり、もう首をくくるしかないという瞬間に、この即位したばかりの青年王の使者がやってきて、救われたのです。まだ一〇代だったルートヴィヒ二世は、ワーグナー作品に夢中になっており、借金を肩代わりしてくれたばかりか、さらなる膨大な出費も厭いませんでした。ワーグナーはそれを利用し尽くしました。しかも、金だけの問題ではありません。政治にも口を出したがりました。廷臣たちが、このままだと王国が危ないと心配して、ワーグナーを追放しようと決意したほどです。

結果的には、ワーグナーは、バイエルン王国のはしっこにあるバイロイトという地方都市に移り住み、ここで理想の劇場を建てることにしましたが、その際彼が大いにあてにしたのも、ルートヴィヒ二世の財布でした。

こんなふうにワーグナーは、恩を仇で返すことを繰り返しています。人でなしと呼んでも言い過ぎではないでしょう。そんな芸術家が生み出した作品だからすばらしいのか。すべての悪行は、名作を生み出すための肥やしだったのか。そうかもしれません。金銭問題はともかく、ややこしい男女関係の経験が生かされていることは間違いありません。ワーグナーが書いた作品の中でもとりわけ名作とされている「ワルキューレ」（一八五六年）と「トリスタンとイゾルデ」（一八五九年）は、どちらも禁じられた愛の物語です。「ワルキューレ」では、兄と妹が激しくひかれあい、ついに一線を越えてしまいます。その結果生まれるのが、比類なき英雄ジークフリートです。ワーグナーは、近親相姦によってこそすぐれた血筋が続くといわんばかりです。ナチの純血主義を思い出させます。

「トリスタンとイゾルデ」は、若い騎士トリスタンが、老王の若い妻イゾルデと激しく愛し合ってしまう話です。この不倫カップルには、反省や罪悪感などありはしません。逆に、自分たちの関係こそ最高の真実であり、一般の世の中は嘘だらけだと罵る始末です。ワーグナーが書いた禁断の愛のシーンが、すさまじい恍惚感に満ちているのは、間違いなく実体験があればこそでしょう。芸術家の人間性と作品は必ずしも一致しているわけではなく、一応は切り離して考えるべきなのですが、そうは言っても、ワーグナーの波瀾万丈の人生が、作品と無関係のはずがありません。

「さまよえるオランダ人」――「妄想」にして真実の物語

さて、そのワーグナーの代表作とは何でしょうか。どれが最高傑作の名に値するのでしょうか。いろいろな意見があり得るでしょう。先に挙げた「トリスタンとイゾルデ」はもちろん大傑作です。そして、「ワルキューレ」を含む大作「ニーベルングの指環」もオペラ史上に輝く金字塔です。しかし、しばらく前から私は、ワーグナーのもっともワーグナーらしい作品は、「さまよえるオランダ人」(一八四二年)と「ローエングリン」(一八四八年)ではないかという気がしています。二〇～三〇代の仕事です。

このふたつは、ワーグナーが書いた、もっとも馬鹿馬鹿しいストーリーのオペラではないでしょうか。「さまよえるオランダ人」の主人公は、傲慢さゆえに、永遠に海をさまよわなくてはならないという呪いをかけられた船長です。七年に一度陸に上がることが許されているだけ。あとは、荒れた海を永久に漂いつづけるしかないのです。でも、この呪いが解ける可能性がただひとつだけあります。船長に永遠の愛を誓う乙女が現れたときだけ、救われるというのです。

とはいえ、船長はいったいどうすれば、そんな乙女に出会えるのでしょうか。上陸ができなければ、出会いの場などありません。しかも、どんな物好きの乙女が、呪われた陰気な船長を好きになるというのでしょうか。可能性は、まずないと考えるしかありません。そんなことは船長もとっくに承知ですから、永遠に苦しみ続けねばならないことを嘆くばかりです。

だが、ひとり、本当に船長に愛を捧げるつもりになった乙女が現れたのです。その名はゼンタ。一応、エリックという彼氏らしい男はいます。少なくとも彼のほうは、ゼンタと結婚するつもりでいます。でも、ゼンタのほうは、伝説のような話で聞いたことしかない船長に妙に関心を持ち、心から同情して、自分が彼を救うのだと信じるに至ったのです。家にはオランダ人の肖像画があり、それが彼女の空想をかきたてたのでした。

話を聞いて、絵を見ただけで、夢中になるとは……。いやはや、若い娘のロマンティックな思い込みだとしても、いささか度が過ぎます。周囲の人々は、ゼンタの空想を笑いますが、「ゼンタのバラード」と呼ばれる激烈な歌で彼女の本気度が示されると、黙ってしまうしかありません。彼女の周囲だけどす黒く怪しい異界の霧が漂っているようなこの歌、狂気の熱が噴きあがるようなこの歌は、しばしばコンサートでも歌われる名曲です。

周囲の嘲笑とは逆に、物語は、ゼンタが思い描いている方向へ進みます。本当に船長が姿を現したのです。ゼンタの父親は、船長からたくさんのプレゼントをもらってほくほく、ふたりが結婚することに異存はありません。

エリックが駆けつけ、ゼンタを引き留めようとします。ゼンタに婚約者がいたと勘違いした船長は、怒り、絶望し、再び船を出します。ゼンタは、船長への愛が本物であることを証しするため、海に飛び込んで死にます。その瞬間、船長の魂は救われます。

普通に考えれば、ありえない話です。たとえあったとしても、正気から逸脱したような話です。傲慢ゆえに神に罰せられた男。なぜ彼を愛する乙女が現れれば、救われるのでしょうか。理由がよくわかりません。

あるとき、さるドイツ人の教授にこのところがよくわからないと言ったことがあります。「キリスト教の伝統的な考え方で云々」と説明してくれたのですが、そういう月並みな説明を私は欲していたのではありませんでした。心の底から納得するような理由を知りたかったのです。乙女の純粋な心によって救われたいという男の願いは、たとえばゲーテの『ファウスト』にも描かれているように、どうやら男の側がひっそりとかつ一方的に抱きがちな願望であり、早い話、虫のいい甘えです。特に男女平等が常識となっている現代においては、噴飯ものと言うしかないでしょう。

しかし、私が、「さまよえるオランダ人」が本当にワーグナーらしい作品だと思うのは、まさしく、こういう常識からすれば馬鹿馬鹿しい物語だからなのです。心底、自分で信じていなければ、願っていなければ、こういう類の馬鹿馬鹿しい物語など作れません。つまり、「オランダ人」はワーグナー自身にとっては抜き差しならぬ真実の物語に違いないのです。そして、芸術とは、こういう、自分にとっての真実を極限の誠実さで表現するものでなくて何でしょう。自分が作っているものが、世の中や他人とはかけ離れているなどとくらいわかりそうなものです。でも、わかっていても作るしかない。それが、選ばれた芸術家の仕事です。

「ゼンタのバラード」の迫真性、鬼気迫るような迫力。こんな野蛮な、聴く者を力ずくで圧倒するような歌は、そうあるものではありませんが、狂っているように見える人間のほうが、他の人々よりも正しいのだと思わせる説得力があります。夢こそが真実。想像力こそが真実。ワーグナーの作品は、それを強く言っています。だからこそ、ワーグナーの芸術は危険でもあるのです。毒があると言われるのです。ワーグナーを聴いていると、これこそが正しいのではないかという気がしてきます。もしかしたらナチの人々はワーグナーの誇大妄想的な作品の影響を受けたのではないか、そんな疑いが生まれてしまうのは、このような音楽の力ゆえです。

「ローエングリン」――ロマンティックなオペラ

「さまよえるオランダ人」とともに、私が本書の読者にお薦めしたいのは「ローエングリン」です。神秘的な美しさという点で際立ち、同時に邪悪な闇も深く、勇壮な音楽も含まれています。

このオペラは静謐《せいひつ》な前奏曲で始まります。これはワーグナーが書いたもっとも有名な音楽のひとつで、単純なモチーフ（この場合、旋律と考えてよいです）を繰り返しながら、徐々に高揚していき、ついには驚くほど壮麗かつ至純の音響が響き渡ります。水の滴が巨大な滝になったとでも、あるいは小さな石ころが堂々たる大聖堂になったとでも言いましょうか、魔法にかけられているかのような気がしてくる音楽です。真っ暗な劇場の空間にこんな音楽が響く、それはぜひとも実際に体験すべき価値があります。やはり、真のオペラ作曲家は最初の数分で、鑑賞者を別世界に連れていってしまうのです。

幕が開くと、そこは中世のアントワープです。人が大勢いてざわついています。ここ、ブラバント公国は、後継ぎ問題で揺れています。ブラバント公が死んだのち、あとを継ぐべきはまだ幼い息子のゴットフリートなのですが、どういうわけか行方不明になっているのです。もしや姉のエルザ姫が隠したのでは？　と疑われています。弟がいなければ、彼女が女王になれるからです。いや、より正確に言うなら、彼女を疑っているのは、テルラムント伯爵とその妻オルトルートです。他の人々は、まさかおとなしいエルザ姫が王位欲しさに弟を殺したり追放したりする人間だなんて思っていません。

しかし、テルラムントとオルトルートは執拗にエルザを疑い、弟殺しの咎《とが》で告発します。なぜそんなことをするのか。実はテルラムントはかつてエルザに振られたことがあるのです。先代のブラバント公は、将来はエルザとテルラムントを結婚させ、ふたりに国を任せようと考えていたのですが、エルザが嫌がったのです。断られては仕方がない、そこでテルラムントはオルトルートと結婚しました。

オルトルートは、この地域で第一の名家出身。エルザを追い出せば、王座が転げ込んできます。そんな事情は、他の人々にもよくわかっています。腹黒い夫婦が野望ゆえに何か企んでいるだろうことは見え見えです。しかし、テルラムント夫婦はこの地ではブラバント公に次ぐ勢力を持っていますから、逆らいたくありません。哀れ、無実のエルザは、このままだと弟殺しの犯人にされてしまいそうです。

いよいよ裁判が始まります。中世には神明裁判《しんめいさいばん》というのが行われていました。告発した者とされた者とが戦い、勝ったほうが正しいとされます。神は正しいほうに味方して勝たせると信じられていたのです。

でも、エルザはか弱き乙女、自ら刀を振り回して戦うわけにはいきませんから、代わりの者を立てる必要があります。いったい誰を立てるのか、そう問われたエルザは突然、自分が見た夢を語りだします。「エルザの夢」と呼ばれる、ロマンティックで幻想的な歌です。夢の中で出会った騎士に戦ってほしいというのです。いったい何てとんちんかんなことを言いだすのかと人々は驚きます。誰もそんな夢をまじめに受け取ったりはしません。ラッパが繰り返し吹き鳴らされ、エルザのために戦う者は名乗り出るようにと告げられます。だが、誰も現れません。好き好んで危険を冒すような男は誰もいないのです。絶望するエルザ。

ところがそのとき、不思議なことが起きます。川の上を、遠くから何かが滑るようにやってくるのです。見れば、白鳥が舟を曳いています。その舟上には、白く輝く凜々《りり》しい騎士が立っています。一同が驚く中、その騎士は舟を降り、自分がエルザのために戦うと宣言します。これはもう神が彼女のために送った使者に違いありません。

騎士はエルザに尋ねます。「もし私が勝ったら、結婚してくれますか？」と。もちろん彼女は、大喜びで承諾します。ただし、と騎士は続けます。条件があります。「私が何者か、どこから来たのか、何という名前なのかを尋ねてはなりません」。それでもよいか。

エルザはうなずきます。

人々は、告発を取り下げるようテルラムントに忠告します。戦いの相手が普通の人間ではないことは誰の目にも明らかだからです。しかし、テルラムントは引っ込みがつきません。戦わずに降参したら、自分が行った告発が嘘だったと認めることになります。降参して恥をさらすくらいなら、死んだほうがましです。

勝負はあっという間にけりが付きます。当然のことながら、勝ったのは神秘の騎士。本当なら最後にとどめを刺すところで、騎士は剣を止め、命だけは取らないでおこうと許します。しかし、悪人に情けをかけてよいのでしょうか。悪者は簡単に改心したりはしません。よもや悪いことが起きなければよいのですが……。

ともかくも、正義が実現されたことで人々は大いに沸きます。


第二幕は、力強くて輝かしい第一幕の終わりから一転して、重苦しく暗鬱に始まります。血筋のよいテルラムントは、つい先ほどまで王に次ぐ権勢家だったのに、今や命があるだけでもありがたいと思わねばならぬ身。その屈辱に身もだえします。

これも、妻のオルトルートが悪いのです。テルラムントはもともと単純な男。彼をけしかけてことを起こしたのは妻なのです。なぜなら、オルトルートはこの地でもっとも名のある、かつてはこの国の領主を輩出した家の出身。でも、今やただの臣下にすぎません。さらに、実はオルトルートはキリスト教が伝わる前の、土着の神々を信仰してもいたのです。

気が強く執念深い彼女は、この程度ではへこたれません。折よく通りかかったエルザに話しかけ、今の窮状を訴えます。これも自業自得なのですが、哀れをもよおしたエルザは、彼女を許します。

オルトルートはおとなしく婚礼の行列に付き従います。が、ここぞというところで突然わめきはじめます。王女が素性もわからない男と結婚するなんて、いったいこれはなんとしたことか、と。テルラムントもやってきて、神明裁判で負けたのは、相手が魔法を使ったからだといいがかりをつけはじめます。

こうなると、エルザの心の中に、夫となる騎士への疑いが芽生えてくるのは当然です。

第三幕は華々しい前奏曲で開始されます。有名な婚礼の合唱はこの幕で歌われます。でも、この音楽にはどこか力強さが欠けているのは、騎士とエルザの結婚が結局は悲劇的な結末を迎えるからでしょうか。

ふたりきりになった騎士とエルザ。エルザは、どうして名前すら教えてくれないのか、自分はそんなに信用できないのかと彼を問い詰めます。落ち着かせようとしても、彼女はますます興奮するばかり。もしやこの男には他に妻子がいるのではないか、そんな邪推までして、ついにしてはならぬ問い、「いったいあなたは誰？」を発してしまいます。

その瞬間に、隠れていたテルラムントが飛び出し、刀で斬りつけてきますが、たちまちのうちに撃退され、今度こそは命を絶たれます。

騎士は悲しげに「ではみなの前で私の名を明かそう」と告げます。

まるでこんなできごとなどなかったかのように、勇壮な間奏曲が演奏されます。ふんだんな金管楽器を用いた、ワーグナー作品の中でもとりわけ英雄的な音楽です。これもまたぜひとも劇場で体験してもらいたい部分です。

この作品の冒頭と同様、すべての人が集合した舞台。そのまんなかに立って、いよいよ騎士が素性を明かします。彼の名はローエングリン、はるか彼方、モンサルヴァートでキリストの聖遺物である聖杯を守っている騎士のひとりなのでした（モンサルヴァートとはスペインのバルセロナ近辺にある実在の場所、モンセラットのことで、修道院、ことに黒いマリア像で知られています）。

思いがけぬ告白に驚く人々。いつの間にか、彼を乗せて帰るために、白鳥が曳く小舟が到着しています。

最後、ローエングリンは、白鳥の姿に変えられていたエルザの弟ゴットフリートを人間に戻してやってから、去っていきます。弟は、オルトルートの魔法によって白鳥にされてしまっていたのです。

悪者の野望が打ち砕かれ、世継ぎの弟が戻ってきたからハッピーエンド？　エルザが愛するローエングリンを失ったからバッドエンド？　どちらとも言えない、苦いあとあじが残ります。

「ローエングリン」が作られるまで、ここに登場するテルラムント、それにもましてオルトルートほど執拗でいやらしい悪人は描かれたことがないかもしれません。第二幕の暗くて恨みがましい音楽を聴くと、作曲家の嫌な内面を見てしまったかのような気がします。想像だけでこんな陰気な音楽が書けるものではないでしょう。

ワーグナー自身、「ロマンティックなオペラ」と呼んだだけに、変身、魔法といったメルヘンのような非現実的な要素もふんだんに含まれています。この作品以後、実際に舞台で見せるのがむずかしいというワーグナーならではの問題も浮上してきます。頭の中で思い浮かべるぶんにはよいのですが、いざ視覚化しようとするとむずかしい、そんな場面です。たとえば、第一幕で白鳥が曳く舟に乗った騎士が登場する場面。演出家はいろいろ工夫を凝らしますが、完璧に納得できるものは見たことがありません。何しろ本物の白鳥に舟を曳かせることなどできるわけがありませんから、他のやり方を考えねばなりません。私が見た例では、ミュンヘンの舞台では、ローエングリンが白鳥（の作りもの）を抱いて出てくるのですが、なにやら滑稽で、客席では失笑が漏れていました。ロンドンでは、白鳥そのものは出てこなくて、羽がばたばたする様子が照明によって暗示されていました。白鳥にこだわるとまずいと考えるのか、気が付くといつの間にかローエングリンが舞台のまんなかに立っている（ステージ下からせりあがってくる）というハンブルクのような場合もあります。しかし、それでは歌詞との整合性が取れません。オペラの舞台作りとは、このように常に解決がむずかしい問題との対決です。

おすすめの映像をふたつ

この作品に関しては、ケント・ナガノ指揮のすばらしい映像があります。バーデン・バーデンというドイツの高級な温泉保養地の劇場でライヴ収録されたものです。

一般論として、劇場で撮影された映像は、カメラの位置や照明などいろいろと制約があって、いかにも中途半端になりがちなゆえ、私は好みません。が、この「ローエングリン」は例外です。中世そのままではなく、服装や舞台装置はモダンになっていますが、まずはオーソドックスな作りで、ドラマの骨格を伝えるのに不足はありません。

何より、歌手には適役を揃え、オーケストラ演奏も立派です。特に、主役ローエングリンを歌うクラウス・フロリアン・フォークトは、この役をもっとも得意としているテノールで、ボーイソプラノのような声色が特徴。いかにも、不思議の国からやってきた神秘的な人物という感じがします。

ナガノは日系アメリカ人で、ヨーロッパでも大活躍している名指揮者。二〇一五年以後は、ハンブルクのオペラハウスの音楽総監督として腕を振るっています。その前はミュンヘンのオペラハウスで同様のポストに就いており、本場で堂々たるキャリアを築いた実力者です。

バーデン・バーデンは、かつてロシアの文豪ドストエフスキーも滞在して大いに散財した温泉町です。昔は、このような場所に長逗留し、昼はゆったり過ごし、夜はカジノに出向いて博打に興じたり社交をするというのが、裕福な人々の生活でした。日本の温泉地と同じく、現在では長く滞在する客が減る傾向にあるので、かつて駅だった建物を利用してホールを作り、豪華なオペラやコンサートを催して客を呼んでいるのです。出演者には有名な音楽家を揃えていることもあってチケットの値段は高いのですが、興味深い上演が多くあります。

それ以外の映像としては、ペーター・コンヴィチュニー演出を見るとよいでしょう。神話や伝説が大好きで何かと意味深げにもったいぶるワーグナー作品を、一挙に脱神話化した名舞台として知られているものです。なんと、中世の神秘的な物語を、学校のクラスルームの話に見立ててしまったのです。エルザは、空想的なことばかり言っているいじめられっ子。いじめるほうは、いばりたがりの不良少年・少女。大人たちが半ズボンをはいておおまじめに演じるのを見るだけでも楽しいですが、最後は悲観的です。結局のところ、争いごとを好む愚かで幼稚な子供状態から脱皮して大人になることはできないというシニカルな未来が示されて終わるのです。

私は最初、何の予備知識もなしにこの演出を見に行きました。幕が上がってあっと驚きました。なんと、どこにでもあるような教室が出現したのです。しかも、お行儀がよいとは言い難い少年少女たちがふざけあっています。ドイツ王の話にもてんで耳を貸さず、紙飛行機を飛ばしたりして遊んでいます。これが中世を舞台にしたワーグナー作品なのか……。

いじめられっ子のエルザが、戸棚の中に隠れていたことに気づいたときには、どきりとしました。お姫様は、みんなが怖くて、息をひそめていたのがよくわかったからです。

その時々で強い者になびいてしまうクラスメートたちの無責任さにも強いリアリティを感じました。彼らは決して悪人でも馬鹿でもありません。でも、弱いのです。何が正しいかはわかっていても、それを実行できないのです。

その後も、次はどうなるんだろうと本当にわくわくしながら最後まで見続けてしまいました。そして、奇抜でいながら、的確に物語の本質をとらえ、明確なメッセージを発する演出家の才能や力量に圧倒されました。ワーグナーが書いた物語は、現代のわれわれにとってもまったく解決されていない問題であることを骨の髄まで納得させられました。

この演出は、もともとはハンブルクで制作されたのですが、映像で見ることができるのは、バルセロナで収録されたもの。バルセロナのリセウ大歌劇場は、ヨーロッパを代表する豪華なオペラハウスで、このように大胆な演出も次々に上演しています。

ワーグナーの作品は、後年になっていくほど、常識的になっていったと私は思います。若いときには、思い切り突っ走る。でも、世の中がいろいろとわかってきたら、かえって普通のものしかできなくなる。若者にとって世界は謎です。必死になってその謎を解こうとします。でも、ある年齢になると、世界は謎ではなくなります。こういうものだと説明できるようになってしまいます。しかし、芸術作品とは、世界の謎を解こうとする若者的なものでなければならないのではないか、そんなことを考えさせられます。「さまよえるオランダ人」や「ローエングリン」は、複雑で納得がゆかない世界に本気でぶつかっているという感じがするのです。

「ニーベルングの指環」――四晩もかかるワーグナー最大の作品

ワーグナーが書いた最大の作品は、上演に四晩が費やされる「ニーベルングの指環」（一八七六年初演）です。「ラインの黄金」、「ワルキューレ」、「ジークフリート」、「神々の黄昏」、短くて二時間半、長くて四時間以上の作品を連作にして鑑賞させるなんて、劇場はあくまで娯楽のため、暇つぶしのために行くものという一般的な市民の常識をはるかに超えていました。こうした作品を鑑賞するためには、生活の中で芸術こそが中心に置かれなければなりません。

内容は、北欧神話をワーグナー流に仕立て直したもので、天上の神々から地下世界の住民まで何十人もの登場人物がおのが欲望ゆえに栄え滅びていく姿が描かれます。最初は大勢の登場人物を覚えるだけでもたいへんです。「ニーベルングの指環」は、まずはその規模でもって、鑑賞者に対して高いハードルを設定しているのです。

魅力的な部分がいろいろあります。全部見終わったあとには、大作のあとならではの達成感も感じられるはずです。最後の最後、天上の神々の城が燃え始め、ライン川が氾濫《はんらん》を起こし、すべてが呑み込まれていくシーンは、オペラ史上類例がない特大スケールの終末風景です。いかなる劇場機構をもってしても、とうてい視覚化できるものではありません。人間の想像力は現実に勝ると感じさせられる瞬間です。ただただ壮麗な音楽に耳を傾けていればよいと思います。

しかしながら、そうした一部の神がかり的にすごい部分を除くと、いささか白けた気分にもさせられる、というのが私の素直な感想です。ワーグナーは懇切丁寧に、世界がどういうものか、人間がどういうものかを説明してくれます。実際の人生で天国から地獄までを味わった作曲家には、世の中がどのようなものか十分によくわかっていたでしょうから、説明は的を射ているように思われます。だけど、芸術に求められているのは、説明なのでしょうか。この作品には、上から下を見下ろすような視点で、登場人物たちを描いているような感触があります。それがつまらないのです。言い換えると、登場人物のひとりひとりに血が通っているという感じがあまりしないのです。神様が動かす将棋の駒のようなのです。

私は、高校生のときに「ニーベルングの指環」をレコードで初めて聴き、夢中になりました。以後、劇場での鑑賞の機会をできるだけ逃さないようにしてきました。しかし、どういうわけか本当に強い感銘を受けることはまったくなく、失望が募り、それもあってある時点ですっかり興味を失ってしまったのです。われながら不思議でした。すばらしい音楽がいろいろ含まれているにもかかわらず、何か煮え切らないのです。

が、あるとき、はたと気づいたのです。この作品は、説明したりつじつまを合わせることに熱心すぎる。だが本当は、芸術とはそういうものではないのではなかろうか。

ワーグナーが全身全霊で世界に立ち向かっていたのは、言い換えれば、自分自身の真実と格闘していたのは、「トリスタンとイゾルデ」あたりまでだったのではないでしょうか。決して結ばれぬ、まともな生き方を外れてしまった恋人たちの、行く末には死しかない愛が、必然的にたどり着く美しい虚無。一般社会の道徳の範囲内で行われる恋愛ではなく、この道に外れた恋こそが正しいのだと信じさせるだけの力を持つのが「トリスタン」です。

ワーグナーは、自分の作品を作り上演するために、最後まで戦い続けた人です。しかし、中年以降の戦いは、若い時代の戦いとは、本質的に異なるのではないか。若いときの戦いは無我夢中です。へたをすると、自分が何と戦っているかもわからない。いや、戦っているということにすら気づかないかもしれない。そういうときに書いた音楽が、「さまよえるオランダ人」や「ローエングリン」なのではないか。だけど、どうすれば勝てるかを考えて行う戦いは、本物の芸術にはなれないのではないか。

ただし、です。もしあなたがオペラを好きになったのなら、「ニーベルングの指環」は絶対に避けて通れない作品です。魅了されるかどうかはわからないし、されなくても構いません。とにかく一度は、経験してみなければなりません。今、経験と書きましたが、この言葉がふさわしいオペラは、おそらくオペラ史上ただひとつ、「ニーベルングの指環」だけです。まさに西洋ならではの、恐ろしく執念深く勤勉なひとりの人間が打ち立てた巨大な大伽藍なのです。

中でも「ワルキューレ」第一幕がすばらしいのですが、ここはぜひ、映像を見るのではなく、CDなどで音のみを歌詞をじっくり読みながら聴いてみてください。嵐の日、男と女が偶然の出会いを果たします。そのふたりの感情の動きが手に取るようにわかる音楽です。実に緻密ですし、見事です。絶望、諦め、思いがけない喜び、ほのかなあたたかさ、そして覚悟と歓喜、さまざまな感情が生き生きと表現されています。この第一幕のみをコンサートで演奏する場合もありますが、それも決して不思議ではありません。

「神々の黄昏」の最後のシーンもすさまじいものです。燃え広がった炎がついには天の神々の城までを燃やし尽くします。ライン川の水が溢れ、洪水となって、すべてを呑み込みます。その壮大な光景を、現代のようなハイテクの舞台装置も、映画も特撮もCGもない時代に、ワーグナーは音だけで描いたのです。あまりの巨大スケールゆえ、ここはどんな劇場で見ても、まず満足できません。どうしたって、ちゃちなまがいものにしか感じられません。こんな光景を心の中に描き、音にしてしまったとは、音楽家の想像力の勝利というしかありません。

ずいぶん辛辣に書いてしまったのかもしれません。でも、「ニーベルングの指環」に魅せられた人々は世界中にたくさんいます。演奏はむずかしく、莫大な経費がかかるにもかかわらず、世界中どこでも、この作品が上演されるときはチケットの売れ行きがよいのです。遠くからでも見に来る人が少なからずいるからです。

「パルジファル」——最後の作品

ワーグナーが最後に書いたオペラは「パルジファル」(一八八二年初演)です。正確には、オペラと呼んではいけないのかもしれません。作曲者自身は、「舞台神聖祝典劇」と言っているからです。そして、自分の劇場以外での上演も認めませんでした。なぜ、そんな仰々しい呼び名がついているかというと、一般的なオペラで好んで描かれる恋愛の要素はまったくなく、宗教性が最前面に押し出されているからです。

この作品に関しては、初演後から賛否の意見が交錯しました。キリスト教から題材をとったストーリー内容が、偽物くさくていかがわしいという声が少なくなかったのです。そして、音楽に繰り返しが多いのは、作曲家が高齢になって創作力が衰えているからだとも言われました。

その一方で、しみじみと美しい、清らかな瞬間があるのも事実です。単純なのに荘厳な効果を出している部分もあります。繰り返しによって、客を退屈させるのではなく陶然とさせるとも言えます。ワーグナーの作曲術は、「パルジファル」において頂点に達しているという意見も珍しくありません。ストーリーは、「ローエングリン」と同じく、聖遺物に関連します。ヨーロッパに広く伝わるいわゆる聖杯伝説をもとにしています。

磔刑《たっけい》に処せれたキリストが流した血、それを受け止めたとされる聖なる杯、聖杯を大事に守り続ける騎士団。当然品行方正が求められていますが、ことあろうに、そのリーダーが肉欲に迷い、女に誘惑されてしまいます。

それを救えるのは、聖なる「愚者」のみ。パルジファルは、もともとはまったく愚かで、罪のない白鳥を射殺してしまっても何も感じないような鈍感な若者でした。最初は騎士団にも相手にされませんでしたが、やがて堕落した敵を倒し、人格的にも大きな進歩を見せ、騎士団を率いる立場を受け継ぐことになります。

ワーグナーらしく、あれこれ小むずかしい内容が歌われますが、私はこの作品を純粋に音響の美しさに浸るために聴きます。先ほど述べたように、ワーグナーの作曲術が成し遂げた、清らかなのに官能的という不思議な美しさを持つオーケストラ。それを背景に、バリトンやバス歌手が長時間にわたって朗々と歌い続けていくのを聴いていると、歌詞の意味などどうでもよい気がしてきます。神秘的かと思うと、分厚い岩石のように峻厳な声も出す合唱も聴きどころです。特に劇場で一列目にすわり、目の前から発されるオーケストラの響き、歌声をすぐそばで満喫するのは、至福の瞬間です。聖杯騎士団をめぐる物語ですから、当然ほとんどの出演者は男性ということになるのですが、それが決してマイナスになっていません。

さまざまな解釈が行われていますが、ストーリーはゆっくり進みますし、巧みに演技、演出すればおもしろくなるというオペラではないと思います。

最後に、ワーグナーの不思議をもうひとつだけ記しておきましょう。彼は偉大な音楽を書きました。しかし、音楽だけが突出するオペラ、特に一般的な聴衆が好むような歌だけが目立つオペラはよくないと考えました。文学性や演劇性や舞台美術などすべての要素が溶け合った「綜合芸術」を目指そうとしたのです。そして、あまりにも雄弁で表現力豊かな音楽が聞こえすぎることを嫌って、自分が建てたバイロイト祝祭歌劇場では、オーケストラを深いところに置き、客からは見えないようにしたのです。たくさんの楽器が活躍する、音符がいっぱいの楽譜を書いたくせに、それをわざわざ聞こえなくするなんて、もったいない話です。ワーグナーに対して忠誠心が強い愛好家（ワグネリアンと呼ばれます）は、そのバイロイト祝祭歌劇場の音響が最高だと主張しますが、私は普通のオペラハウスで、作曲家が書いた音すべてを聴くほうをはるかに好みます。オーケストラの活躍に気を取られると、舞台の上で起きていることをすべて見ているわけにはいきません。それでは困る？　いいえ、二度でも三度でも劇場に行けばよいだけのことです。

9　オペレッタ～あえて軽薄に

ヨハン・シュトラウス二世「こうもり」

先ほど述べたパリのグランド・オペラ、あるいはワーグナーのような大作に比べれば小規模なオペレッタは、日本では喜歌劇と訳されてきました。そう訳されるのもおかしなことではなく、喜劇的な内容を持つ作品がほとんどです。重厚、壮大、悲劇的なオペラが多く作られた一九世紀中ごろから後半に、その反動として生まれ広まった、軽やかで滑稽で娯楽色が強い演しものととらえてまずは間違いありません。登場人物は、英雄や美女といった特別な人間ではなく、ごく普通の人たちが大半です。たとえ神様であっても、きわめて人間的に描かれます。歌と台詞が交互に現れ、芝居的な要素が強いのも特徴です。歌芝居という言葉がぴったりきます。

日本でもっとも愛されているオペレッタは、ウィーンを中心にして活躍し、当時ヨーロッパ中で圧倒的な人気を誇ったヨハン・シュトラウス二世（一八二五―九九）の「こうもり」（一八七四年初演）です。浮気者の夫、それを懲らしめようとする妻、たまには憂さ晴らしをしたい小間使い（メイド）などなどが繰り広げるドタバタ劇です。ヨハン・シュトラウス二世は、「ワルツ王」として知られ、有名な「美しく青きドナウ」などのワルツをたくさん書いている人ですから、「こうもり」においてもあのような甘美な三拍子の音楽がたびたび登場します。

最後は、困ったことでも何でも「みんなシャンパンのせいだ」とこじつけられ、ハッピーエンドで幕が下りることから、欧米では大晦日に上演される定番作品になっていますが（かの地では、新年を控えた大晦日の晩には花火や爆竹を鳴らし、ごちそうを食べシャンパンを飲んで騒ぐのです）、日本でもそれに倣《なら》って一二月に舞台にかけられることが多いようです。バロック・オペラにおいては、最後には神様が登場して悲劇をむりやりハッピーエンドに持っていくということが行われましたが、「こうもり」の場合は、神様ではなくお酒がその代わりをするわけです。それがよいのか悪いのか、いずれにしても世を憂いつつも無力感が漂っていたという当時のウィーンの世相を反映しているとされます。

このオペレッタ、おそらくたいがいの人が笑って見てしまうでしょうが、注意深く観察すると、実は悲劇すれすれをかすって進行する物語です。妻に飽きた夫、不倫欲求、にこにこしつつも実は執念深く復讐の機会を狙う友人、退屈のあまり他人の失敗を見て喜ぶ人々……一歩間違えると地獄絵図です。こんな話を喜劇として作ることができたのが一九世紀、できなくなったのが二〇世紀、おおざっぱにそう考えてもいいかもしれません。いずれにしても、喜劇の大半は、よく見ればほとんど悲劇に近く、悲劇の大半も、よく見れば喜劇のようなものなのです。

レハール「メリー・ウィドウ」

「こうもり」に続く有名作品は、だいぶ時代が下った一九〇五年に作られたフランツ・レハール（一八七〇―一九四八）の「メリー・ウィドウ」（一九二五年初演）。シュトラウスのころをオペレッタの金の時代、レハールのころを「銀の時代」と呼んだりもします。

陽気な未亡人という意味のタイトルを持つこのオペレッタは、吹けば飛ぶような小国の政治に翻弄される恋人たちを描いています。レハールの音楽は、シュトラウスのそれよりもいっそう甘みが強くて、とろけんばかり。しかし、同時に苦みや悲しみも強いのが特徴です。同じ作曲家による「微笑みの国」（一九二九年）も名作で、やはり国や政治や状況や文化に人生を左右されてしまう人々が描かれます。こういった問題意識は今もって十分にリアルです。重厚や深刻を売り物にしないはずのオペレッタですら、おのずとこのような問題に触れてしまうのが第一次世界大戦という未曾有の大戦争を経験せねばならなかったレハールの世代なのかもしれません。

ワルツで名高いシュトラウスはむろんウィーンの人ですし、レハールも最初のうちはウィーンで人気を得ました。かの町には、正式のオペラハウスのほかに、フォルクスオーパー（国民劇場、民衆劇場）と呼ばれる劇場があり、オペレッタの聖地となっています。実は、オペレッタは、オペラより格式が低いとされるため、立派なオペラハウスで上演されるオペレッタ作品はごくごく限られます。長らくほとんど「こうもり」だけが例外扱いでしたが、現在では「メリー・ウィドウ」もそれに加わっているようです。

カールマン「チャールダッシュの女王」

「こうもり」「メリー・ウィドウ」以外にも、エメリッヒ・カールマン（一八八二―一九五三）が作曲した、ハンガリー風の濃厚な味わいを持つ「チャールダッシュの女王」（一九一五年）など、ウィーン風オペレッタと呼ばれる一群の作品があります。

こうした作品は、日本のオペラ団体によってもたびたび取り上げられています。壮大なオペラよりも内容が軽く、とっつきやすいため、上演がやさしそうに見えるかもしれませんが、実際にはむしろ別種のむずかしさを感じさせられます。日本の歌手たちが演じる軽薄な登場人物たちはどうもぎこちなく、本当のユーモアがないという印象を受けるのは私だけではないでしょう。日本にも独自の笑いの文化や感覚がありますが、ヨーロッパのそれと完全に重なり合ってはいないという気がします。

それに、オペレッタは、オペラ以上に作曲当時の世相を直接的に反映する傾向が強いため、その歴史を共有できない場所で上演されても、本当のおもしろさや皮肉は表現できないように私には思われます（日本での現状に合わせて台詞が改変され、観客を喜ばせるという趣向は頻繁に見られます）。

オッフェンバック「ホフマン物語」

やや時代が前に戻りますが、パリで大活躍し、「シャンゼリゼのモーツァルト」とまで呼ばれたジャック・オッフェンバック（一八一九―八〇）も忘れてはならない作曲家です。そもそもシュトラウスの「こうもり」が作曲されたのも、オッフェンバックの影響なのです。一番知られている「天国と地獄」はもちろん、「パリの生活」「美しきエレーヌ」「青ひげ」など、ヨーロッパの劇場では定番のレパートリーとして残っています。

オッフェンバックのオペレッタは、シュトラウスやレハールよりはるかに辛辣です。男も女も、王様も淑女も使用人も、あらゆる人間が皮肉の対象になり、馬鹿にされ、笑われます。これこそがまさに真に平等ということなのかもしれません。その徹底度は、ほとんど虚無主義にまで達しています。

しかも、だからと言って人間嫌いに陥らないのが、オッフェンバックのすごいところです。人間はそういうものだと開き直るのです。世界は、ただただあらゆる人間の盲目的な欲望やエネルギーによってめちゃくちゃに織り進められていくだけで、必然も理想も目的もありはしない。世界は茶番だが、その茶番を演じ抜くことこそが人生であり、ほかに人間の生き方などあり得ない。こうした真実をいさぎよく示してくれているからこそ、オッフェンバックの作品を見ると独特の解放感が得られます。レハールの苦みがあとをひくじんわりした苦みだとしたら、オッフェンバックの苦みは爽快な苦みなのです。

シュトラウスやレハールの作品が、結局は甘美で陶酔的なワルツなどに収束し、諦念の中に心の平安を見出すのだとしたら、つまりは一種の逃避だとしたら、オッフェンバックはその逆です。諦めることを知らない、反省を知らない、肯定的なエネルギーの爆発は、二拍子の、しばしば行進曲調の音楽に行きつきます。人生とは戦いです。同じオペレッタという言葉でくくられても、ウィーン風の作品とは、本質的に正反対なのです。

パリで圧倒的な支持を得たオッフェンバックですが、人生の終わりが近づくにつれ、さしもの人気にも陰りが出てきました。彼の作品は、劇薬のようなもの。きわめて刺激が強いゆえに、何十年も流行が続くということはあり得ません。晩年のオッフェンバックは、かねてからの念願だった本格的なオペラ「ホフマン物語」(一八八一年初演)に着手しましたが、完成させる前にこの世を去りました。

ホフマンとは、ドイツの作家E・T・A・ホフマン(一七七六—一八二二)のことで、幻想的な小説をたくさん書き、孤独や不安や恐怖を表現して、当時の人々に衝撃を与えました。

この夢見がちな文学者を主人公に立て、さまざまな女たちとの恋愛が失敗し、孤独の中に取り残された彼が、最後、芸術の中にこそ生きがいがあると悟る様子を綴った「ホフマン物語」は、それまでオッフェンバックが書いてきたオペレッタとは打って変わって、悲哀に満ちています。変化に富んだ効果的な音楽といい、名作と呼ばれてしかるべきものですが、バイタリティー溢れる作品を書き続けてきたオッフェンバックの心の中にあった闇の部分を見せられる気もします。

特に主人公ホフマンが、機械仕掛けの人形が歌う様子を見て恋に落ちてしまう場面は、おかしくもあれば物悲しくもあり、オペラ史上屈指の名場面に数えられるでしょう。

10　ロッシーニ、ベッリーニ、ドニゼッティ～イタリアの声の愉しみ

ロッシーニ——ただひたすらに明るく

いささかお話がフランスやドイツに偏ったかもしれません。一九世紀にはいろいろな場所でさまざまなオペラが作られましたから、同時に語るのは骨が折れます。話が前後するのをお許しください。

ベートーヴェンは、その死後やがて二〇〇年が経とうというのにいまだに偉大な作曲家とされています。そもそも彼は長年住んだウィーンの町では生前から尊敬されていました。今、尊敬と書きましたが、どんな天才であれ、それまで音楽家は（同業者を別にすれば）尊敬の対象ではなかったはずです。驚嘆され、恐れられ、崇《あが》められたかもしれませんが、それと尊敬は別です。なぜなら、音楽家は職人あるいは芸人であり、しょせんは貴族や教会や劇場に雇われてパンを稼ぐ者にすぎないという時代が続いていたからです。

それが、ベートーヴェンあたりから大きく変わったわけで、あげく彼には「楽聖」という言葉すら奉られるようになるわけですけれど、実は、ウィーンではベートーヴェンより

ずっと人気を誇る作曲家がいました。それがジョアキーノ・ロッシーニ（一七九二―一八六八）です。

ロッシーニは中部イタリアのペーザロという町に生まれました（この町では毎年、ロッシーニ作品を上演する音楽祭が開催されていて、世界中から愛好家がやってきます）。早くも一八歳でオペラ作曲家デビューし、その後、とんとん拍子で有名になります。その人気はイタリアの外にも広がり、ウィーン来訪の折には、ベートーヴェンに褒めてもらいました（ただし、ベートーヴェンは、「喜劇だけを書きなさい」と言ったらしいのですが）。ロッシーニの明朗な音楽は、ウィーン人をも夢中にさせ、ベートーヴェンがその人気に嫉妬したほどでした。

ロッシーニは、特に序曲が有名な「ウィリアム・テル」（一八二九年初演）というオペラを完成させると、三七歳で引退することにしました。天性の作曲家ですから、その後まったく作曲をしなかったわけではありませんが、オペラハウスのために大作を作ることはきっぱりとやめてしまったのです。

もともと美食に強い関心を持っていたロッシーニは、以前から関わりが深かったパリに住み、新しい料理の開発やレストランの経営を行いました。現在広く知られている肖像画ないし写真は、食いしん坊らしいでっぷりした外見のものですが、若い時は美男子で、おおいにもてたそうです。

ロッシーニが大きな成功を収めることができたのは、彼の音楽が、軽快で、調子がよくて、理屈ぬきの娯楽だったからです。たとえば、モーツァルトの「フィガロの結婚」には、世の中の理不尽に対する作曲者の怒りや、正義や平等への渇望がはっきりと表れています。しかし、ロッシーニの「セビリアの理髪師」(「フィガロの結婚」に先立つ物語で、両作とも原作者はボーマルシェ)には、そのような政治性や思想性はいっさいありません。あくまで滑稽でおバカな話に終始するのです。まったく毒がないのです。だから万人受けするのです。

さらに、ロッシーニが聴衆に与えたのは、きわめて直接的な感覚の喜びでした。たとえば、小さい音がじわじわ大きくなるロッシーニ・クレッシェンドと呼ばれるものがあります。クレッシェンドを大いに活用したのはベートーヴェンも同じです。しかし、ふたりの決定的な違いは、ベートーヴェン(のたとえば前述した「フィデリオ」)においては、クレッシェンドは緊張を高めたり、次の段階への移行を用意するために用いられるのに対し、ロッシーニの場合は、単にお客の感覚に刹那的な刺激を与えるために使われていることです。

また、ロッシーニは、コロラトゥーラと呼ばれる、高度な技巧を凝らしたアクロバット的な歌を書きました。それがどれほどむずかしいものかは、誰が聴いても明白であり、見事に歌い終えた歌手に対して聴衆は拍手を惜しみません。オペラの楽しみ方は人によりけりで、豪華な舞台装置や衣装を楽しむ人、オーケストラを味わう人、知的な演出を好む人、さまざまなタイプがありますが、ことに声が好きな人たちは（声が嫌いだったら、そもそもオペラなど聴かないでしょうが）、ロッシーニの魅力に敏感なようです。

とはいえ、正直な感想を記すなら……もっとも知られた「セビリアの理髪師」（一八一六年初演）は、第一幕こそ次から次へと音楽が奔流のように湧き出す天才的な作品ですが、第二幕になると飽きてしまいます。名作とされる「ウィリアム・テル」も、私には退屈です。さしたる意味もなく高度な技巧やら高い声やらをひけらかされても、「ああ、お上手ですね」としらけた気分になるだけです。要するに、何もわからない無教養なお客でも喜ぶ、程度の低い娯楽としか私には思えません。どんな名歌手が歌っても、この印象は変わりません。

純粋な娯楽として書かれたということでは、バロック・オペラもロッシーニと同じです。でも、バロック・オペラには何とも言えない儚さがあります。ラモーの諸作にしても、ばかばかしいという点ではロッシーニといい勝負でしょう。しかし、ラモーにはこれから滅びていくものの悲しさや無常感があります。一八世紀のロンドンでヘンデルのオペラを聴いたお客が、一九世紀のロッシーニのお客より格段に洗練されていたと簡単に信じ込むわけにはいきませんが、ヘンデルの音楽にはロッシーニよりはるかに高い気品がありますし、ロッシーニにはヘンデルのような陰影がありません。こんなぐあいに、どうにも私はロッシーニが苦手なのです。まことに人の趣味というものは、どうしようもないもので、たぶん私にはロッシーニの本当のよさがあまり理解できないのでしょう。自分でも残念だと思います。

「セビリアの理髪師」に関しては、映画「時計じかけのオレンジ」(スタンリー・キューブリック監督)の中で、非常に印象的に用いられていることについても触れておきましょう。近未来の無軌道な若者たちが、敵対する不良グループと喧嘩したり、社会のモラルに抗って暴れまわるシーンで、この序曲がBGMに使われているのです。ロッシーニが書いたくもりなき晴朗な音楽が、暴力も含めた、盲目的な青春のエネルギーの燃焼や陶酔に実にぴったりと合っているのです。不良たちが女を襲う、本来は陰惨なはずのシーンすら、ユーモラスで馬鹿馬鹿しい遊び(実際のところ、不良たちにとってはそのようなものですが)に見えてしまいます。実は、どんなオペラ上演にもまして私を感心させたロッシーニは、この映画の中でのものでした。

夭逝の天才ベッリーニ

さて、一九世紀には、ドイツおよびその影響を受けた周辺地域では、音楽は思想性や観急性を帯びていきました。しかしながら、イタリアのオペラ界では、ロッシーニ以後も、声の快楽、歌の美しさや表現力を突き詰める試みが続いたのです。

中でも、夭逝した天才、ヴィンチェンツォ・ベッリーニ（一八〇一―三五）は際立っています。遺された作品は多くはありませんが、「カプレーティとモンテッキ」（一八三〇年初演。ロメオとジュリエットの話です）、「夢遊病の女」（一八三一年）、「ノルマ」（一八三一年）、「清教徒」（一八三五年）はきわめつきです。

クラシックの世界でもっとも美しい旋律を書いた作曲家のひとりにフレデリック・ショパン（一八一〇―四九）がいますが、ショパンはほぼ同世代のベッリーニの音楽を非常に好み、強い影響を受けました。ですから、ふたりが書いた旋律にはどことなく似た趣があります。ショパンがピアノで弾くために記した細やかな装飾音は、ベッリーニのアリアのコロラトゥーラのようです。たとえばショパンのノクターン（夜想曲）では、分散和音に乗っかって、ロマンティックに伸縮する甘美な旋律が歌われますが、ベッリーニのアリアとはまさにそのようなものです。異なるとしたら、北方（ポーランド）人ショパンの音楽のほうがいっそう暗みを帯びていることでしょうか。

たとえば、「夢遊病の女」が始まってからまもなく歌われるアリアに典型的なように、ベッリーニの音楽は艶やかで陶酔的でありながら、気品があります。こういう先例があってこそ、のちにヴェルディの「椿姫」のような名作も生まれたのです。

ドニゼッティ「ランメルモールのルチア」

若死にしたベッリーニとは対照的に、ガエターノ・ドニゼッティ（一七九七―一八四八）は膨大な量のオペラ作品を完成させました。悲劇、喜劇、どちらもお得意で、「アンナ・ボレーナ」「連隊の娘」「ドン・パスクワーレ」「愛の妙薬」など、そのいくつかは今でも世界各地で上演されていますが、何と言ってもポピュラーなのは「ランメルモールのルチア」（一八三五年初演）です。舞台はスコットランド。北ヨーロッパの人々が陽光あふれるイタリアに憧れるように、イタリアの人々にとって北国スコットランドはエキゾチックな場所でした。

ルチアには深く愛する恋人エドガルドがいます。ところが、彼女の結婚相手に指名されたのは別の男アルトゥーロ。エドガルドは一族の敵であり、ふたりの交際は許されるわけもなかったのです。ルチアの絶望のさなか行われる結婚式に、エドガルドが乱入し、式をめちゃくちゃにします。そして、初夜を迎えたルチアは、正気を失い、アルトゥーロを刺し殺して、血まみれの姿で人々の前に現れ、一同を驚愕させるのです。

次から次へとショッキングなできごとが起き、しかも最後は主人公が、頭がおかしくなって夫を殺したあげく、自分も死んでしまう。さらには恋人も後追い自殺してしまうというのですから、さぞかしグロテスクな作品かと思いきや、音楽は意外にも上品です。刺激に慣れた現代人にとっては、拍子抜けするほどかもしれません。

にもかかわらず、このオペラが上演され続けているのは、とにかくルチアが歌う長大な「狂乱の場」ゆえです。これはオペラ史上に燦然と輝く名場面に違いありません。

強制的に結婚させられた夫を殺したルチアは白い寝間着を血で真っ赤に濡らし、ふらふらと姿を現します。そして、世にも妖しい美しさを持つ長大なアリアを歌い始めるのです。それはさながら、暗闇の中できらりきらりと光る宝石のよう。思わず引き込まれて聴きほれてしまいます。そして、このアリアを歌うには超絶的なテクニックが要求されています。コロラトゥーラは、よく「玉を転がすように」と言われますが、細やかな音を首飾りの真珠のように並べていく歌い方です。しかも、超高音です。これを見事に歌ってのける歌手がいない限り、「ルチア」は上演できないのです。

正直言って、古臭いオペラの典型的な作品です。しかしながら、すばらしい歌手が出演するなら大いに聴きがいがあります。そして、オーケストラが適切に演奏してくれれば、一見したところありきたりで単純と見える楽譜が、実は必要にして十分だということがわかるでしょう。

本場ならではの味わい

きわめて正直な話、ロッシーニ、ベッリーニ、ドニゼッティという三人の作曲家のすばらしい上演には、残念ながら世界中どこでも接することができるというわけではありません。それはさしずめ、世界中に数えきれないほどたくさんのイタリア料理屋はあるけれど、本当にイタリアらしいイタリア料理は、本場に行かないと出会えないのと似ています。

先ほどロッシーニに対して辛辣なことを書きましたが、その私が人生でただ一度だけ心の底から満足した上演は、ミラノのスカラ座においてでした。よそとは何が違うのか。イタリアのオーケストラは音が明るく軽いのです。弦楽器が弓を弦に当てる力は弱めで、迫力ある大音量を出したりはしません。また、低音をぶんぶんぐいぐい鳴らしたりもしません。ですから、全体としてはさらっとしています。そのさらっとした中に、細やかなニュアンスがあります。そうした演奏の流儀は、地元の音楽院やオーケストラや劇場で伝統として伝えられていくもので、作曲家が譜面に書き込んでいるわけではありませんし、書き込めるものでもありません。単なる腕前という点でははるかに達者なウィーンやロンドンやパリなどのオペラハウスのオーケストラが持つ響きは、本場イタリア風の演奏流儀に比べてボリュームがありすぎ、ニュアンスにも欠けます。

それに、こうした演奏法をよく理解している指揮者も減っています。もしかしたら最長老のネッロ・サンティ（一九三一―）はその最後の人かもしれません。彼が指揮すると、単純なはずの「ルチア」の楽譜がどれほど表情豊かに鳴ることか。

トゥリオ・セラフィン（一八七八―一九六八）という往年の名指揮者が録音したベッリーニ「ノルマ」は、伝説的な名歌手マリア・カラス（一九二三―七七）が主役を歌っていることで有名ですが、実は冒頭からしてセラフィンが指揮するスカラ座の管弦楽団がすばらしいのです。単純な旋律やリズムがどれほど劇的な意味を持っているか。無駄がなくて、必要にして十分という感じがします。戦後に活躍を始めてスターとなったイタリアの指揮者たち、つまりクラウディオ・アバド（一九三三―二〇一四）、リッカルド・ムーティ（一九四一―）、リッカルド・シャイー（一九五三―）といった人々には、残念ながらこうした演奏法は継承されませんでした。

また、声の質も重要です。これもまた残念ながら、ここ数十年でイタリア出身の名歌手が本当に少なくなりました。代わって活躍するようになったのが、東欧、アメリカ、アジアの歌手たちです。東欧の歌手は、声が重く、暗く、ヴィブラートがきつい傾向がありまります。技巧も大切ですが、声の質そのものがまずはイタリア・オペラで想定されていたものと違います。東洋人やアフリカ系の声は、それとわかる特徴があって、これもまた純イタリア風とは異なります。

現在のイタリアにおけるオペラは、日本における相撲のようなもの、オペラ歌手は関取のようなものかもしれません。イタリアの若者はもはやオペラには興味がありません。歌手を目指すリスクも取りません。その結果、相撲界で活躍するのは外国人がもっぱらであるように、オペラ界では外国の歌手が目立つのです。それに、イタリアのオペラ界は金欠に悩んでおり、国や町からの援助もあてにできません。

散発的な例を除けば、イタリア・オペラ、ことにベルカント・オペラを正統的な姿で味わう機会は限りなくゼロに近くなってしまうのではないでしょうか。永遠に続くものなど何もないのでしょうが、いささか寂しいことではあります。

11　ヴェルディ～歌劇の「王様」

「たたき上げ」の苦労人

もっとも世に知られているオペラは何でしょうか。おそらく「カルメン」と並んで「アイーダ」「椿姫」ではないでしょうか。どちらも激しく、また切々と愛や憎しみや絶望を歌い上げるという、一般に広まっているオペラ、特にイタリア・オペラのイメージにぴったりの作品です。

その「アイーダ」「椿姫」を作曲したのは、ジュゼッペ・ヴェルディ（一八一三―一九〇一）です。昔の日本ではヴェルディは「歌劇王」と呼ばれていました。古めかしくはありますが、あながち的外れな呼び方とも言えません。少なくともイタリア語で歌われるオペラの分野では、第一に挙げられる作曲家です。彼の作品は、今日でも訴求力を失っていません。特に、オペラを初めて見る人でも感動させるという点では随一です。ですので、もし初めて観劇に行くというのでしたら、「アイーダ」「椿姫」を選んでいれば、まず間違いないと言ってもよいかもしれません。

ヴェルディはイタリアの小さな村で生まれました。ひとことで言えば彼は苦労人です。大作曲家の多くは、音楽的な環境に恵まれ、子供のときから才能が認められ、おのずと音楽家になっていったのですが、ヴェルディの場合、何事につけ障害がありました。親切に助けてくれる人たちもいましたが、順風満帆には程遠く、執念深く少しずつ前進していくほかありませんでした。

現在でも時折上演される「ナブッコ」（一八四二年初演）という作品で大成功を収めたあ

とも、気をゆるめることはできませんでした。当時のオペラは今以上に人気商売で、作曲家は次々に新作を成功させる必要がありました。単に自分の芸術的な良心に従い、作りたいものを作っているだけではだめなのです。また、作っただけでは不十分で、自分が上演に立ち会い、監督しないと安心できません。ヴェルディの後半生は、名誉にもお金にも恵まれたものではありましたが、それは彼の非常にまじめな努力の結果、自分の考えを通すために戦い続けた結果でした。ヴェルディの地位を作り上げたのは雑草のようなしぶとさ、そう言ってもよいでしょう。

ヴェルディとワーグナーは同じ時代の人間で、名声を確立してからのちは当時のオペラ界を二分すると言ってもよいほどの存在感を誇りました。ふたりとも成功するために苦労を重ねましたが、ワーグナーの場合は、前代未聞の構想を考えついてしまったがゆえに理解されないという苦労であり、天才ならではの孤独を味わったわけなのですが、ヴェルディの場合はそんな高級な苦労ではなく、人間関係やらもっと実際面にかかわる苦労という感じがします。地面の上でのたうちまわるというイメージです。だからこそ、初心者にとってはヴェルディのほうがなじみやすいのかもしれません。ワーグナーのオペラを楽しむためには、予備知識とか、さまざまな分野への知的な関心や想像力が必要ですが、ヴェルディ作品はそれを必要としません。彼が表現したのは、誰でもすぐにわかる人間の喜怒哀楽、地上における人間の生きざまです。空想ではなく、現実です。

今、喜怒哀楽と書きましたが、喜びや悲しみや愛が歌い上げられるのは当然ですけれど、実はヴェルディの諸作に通底しているのは怒りです。ヴェルディは勉強のために苦労し、成功するために苦労し、恋愛で苦労し、結婚したものの妻子を失い、名声を得てからも愚かな父親のせいで苦労し、高齢になってからは老いゆえに苦しみました。こんなに一生苦しみ続けた人は、西洋音楽史ではほかにはベートーヴェンがいるだけかもしれません。その苦しみが、社会の仕組みや人間、ひいては世界に対する怒りの根底にあるのです。

「アイーダ」——オペラ史上屈指の支離滅裂な物語

「アイーダ」(一八七一年初演)は、古代エジプトを舞台にした巨大スケールのオペラです。主人公アイーダはエチオピアの王女。しかし、祖国がエジプトとの戦争で負けてしまったので、今は正体を隠して奴隷となり、エジプトの王女アムネリスに仕えているのです。

アイーダには愛し合っている恋人がいます。エジプトの勇士ラダメスです。しかし、エチオピアの王女が、敵国の軍人を愛するなんて本来許されることではありません。

しかも悪いことに、アムネリスもラダメスを愛しています。アイーダは、ラダメスへの愛を隠していますが、アムネリスの女の直感は鋭く、たちまち見破られてしまいます。

結局、ラダメスは心ならずも祖国エジプトを裏切ってしまいます。神官たちは彼に死刑を宣告します。古代エジプトにおいて、しばしば神官たちは王以上の権力を持っていました。王女が懇願したところで、もはやこの決定は覆りません。

ラダメスは地下に生き埋めにされることになります。と、そこには人の気配が……。なんとアイーダが、自分もいっしょに死のうとあらかじめそこに潜んでいたのです。ふたりは抱き合い、愛を確かめ合いながら、静かに死んでいきます。地上では、アムネリスが悲しみに暮れます。

「アイーダ」はこんな悲恋の物語ですが、この作品ほど設定や筋書きがめちゃくちゃなオペラもそうはありません。贅沢三昧《ぜいたくざんまい》の権力者層に属する古代の王女が奴隷に化けて敵国の王女に仕えるなんて、あり得ない話です。しかも王女と奴隷がひとりの男の愛をめぐって争うこともあり得ません。ましてや最後、アイーダが前もって地下に潜入していたなんて、警備はどうなっていたのでしょう。「アイーダ」にはこのようにおかしな点がたくさんあり、発表当時から指摘されていました。原案を作ったのはエジプト学者ですが、不思議なほどに支離滅裂な内容です。でも、そんなストーリーでも、壮大で迫力ある音楽を伴

う と楽しめてしまうのです。

特に、戦争で勝ったエジプト軍の「凱旋《がいせん》の場」は、人気がある見どころです。着飾った兵士たちの行進、それを迎える人々、馬や象といった動物の登場、なるほど大がかりなスペクタクルです。

しかしながら、戦争とは、たとえ勝ったとしても、そんなに晴れやかなものでしょうか。勝った側にも犠牲者がいます。悲しむ人がいます。もちろん負けたほうはいっそう悲惨です。ヴェルディが苦労人だと感じさせられるのは、勝った側の喜びだけでなく、それと強いコントラストをなす敗者の悲哀も描かれていることです。「こんなやつらは皆殺しだ」と叫ぶエジプト人たち。命乞いをするエチオピア人たち。ちょっとした運命のさじ加減で、勝者は敗者に、敗者は勝者になったかもしれません。ヴェルディは運命の残酷さをよく知っていますから、弱者に寄り添うやさしさが常にあります。この「凱旋の場」を、はではでしい見世物ではなく、陰鬱なものとして描く演出もありますが、たいへん結構なことだと思います。もう戦争の勝利を手放しで喜べる野蛮な時代ではないのですから。

アイーダを歌うのは、緊張感と若々しさがあるソプラノ。アムネリスは王女の威厳を持つメゾソプラノ。ラダメスは、勇士であるとともに、ふたりの間で悩む弱さも持つテノール。この三つの声の表現力の違い、絡み合い。それに加わる暗いバスの神官。エキゾチックな合唱。簡潔ながら効果的なオーケストラ。まさに百戦錬磨の経験を持つ作曲家ならではの、簡潔にして効果的な音楽です。

「椿姫」――神の理不尽

「椿姫」（一八五三年初演）は、フランスの作家アレクサンドル・デュマ・フィス（一八二四―一九五）の同名の小説、戯曲から着想を得て書かれました（この人の父親が大デュマとも呼ばれるアレクサンドル・デュマで、『三銃士』『モンテ・クリスト伯』といった波瀾万丈の物語で名高い小説家です）。実はオペラのほうは「椿姫」ではなく、「ラ・トラヴィアータ」という題名なのですけれど、日本では併記されることが多いようです。トラヴィアータとは、道を踏み外してしまった女、つまり生き方を間違えてしまった女、という意味です。

舞台は一九世紀のパリ。主人公は美人の高級娼婦ヴィオレッタ・ヴァレリーです。娼婦と言っても、お金を出せば誰でも抱けるわけではありません。特定の男をパトロンにし、贅沢三昧の生活をさせてもらうのです。現代の日本で愛人と言うと、囲われたマンションの中で会うというようなイメージがありますが、ヨーロッパの高級娼婦は違っていて、パーティーを開いたり、決して秘密の存在ではありません。単に美人なだけではだめで、会話の才能や頭のよさ、いろいろなセンスが問われます。ヨーロッパでは古代ギリシアの時代からこのような高級娼婦がいました。正妻の務めは子孫を産み育てることであり、男が人生を楽しむための女がこうした高級娼婦というわけです。

ヴィオレッタも、外見のみにとどまらない魅力を持つ女性ですが、今はある男爵の愛人になっています。そんな彼女を見て恋をしてしまったのが、プロヴァンス出身の青年アルフレードです。

ヴィオレッタは、毎夜のパーティー三昧など不健康な生活を送ったせいで、肺病を患っています。結核は抗生物質がない時代には死に至る病として恐れられていた病気です。そのせいで、彼女はいっそう刹那的になっており、快楽で苦しみをまぎらわせているのです。

アルフレードにはそれが不憫《ふびん》でなりません。とうとう機会を見つけて、ヴィオレッタに告白します。あなたを愛していると、そして今のすさんだ生活から救ってあげたいと。何を馬鹿なことを、と笑い飛ばすヴィオレッタ。

それは、パリの社交界を生き抜いてきたヴィオレッタにとって、あまりにも素朴すぎる愛の告白でした。でも、幼いほどの純情さが彼女の心を打ちます。もしかしたら自分は人生をやりなおせるかもしれない、その気になった彼女は、パリの歓楽を捨て、男たちに貢《みつ》がせたものもすべて売り払って、アルフレードと同棲を始めます。その場所はパリの郊外、自然が美しい場所です。

ところが、ふたりの間を割《さ》こうとする人物が現れます。アルフレードの父親です。うぶな息子がパリで娼婦の手玉に取られたと聞き、慌てて駆けつけたのです。娼婦が息子から全財産を巻き上げてしまうのではないか、それが心配でなりません。ヴィオレッタがどんな人間かは、彼にとってはどうでもよいこと。とにかく娼婦風情と息子が付き合うことは許されないのです。大都会のパリならともかく、地方においてはスキャンダルでしかありません。

父親は聞く耳を持たず、息子と別れろとヴィオレッタに迫ります。とうとう彼女は、アルフレードとの関係を絶つことを約束させられてしまいます。自分が彼と付き合っていると、彼の家族に迷惑がかかると言われたからです。彼の家族を不幸にすることは、ひいては彼を不幸にすること。それは避けたいのです。

ところが、自分から離れていくヴィオレッタを見て、アルフレードは誤解します。あの女はもう僕には飽きたのだ、前の男とよりをもどしたいのだと。あげくに、人々の面前でヴィオレッタを侮辱し、男爵と決闘騒動を引き起こしてしまいます。

最後の幕。ヴィオレッタの病状は決定的に悪化します。彼女はひとり寂しく、ベッドに横たわり、死がやってくるのを待っています。アルフレードは、決闘騒ぎを起こしたせいで、外国に逃げています。病み衰えた彼女を訪れる友人は誰もいません。ようやく本当に愛する男を見つけたのに、死なねばならぬとは。彼女は孤独の中で神に怒りをぶつけます。

いよいよ臨終が迫ったとき、思いがけずアルフレードがやってきます。なんとか間に合ったのです。でも、ヴィオレッタにはもう立っている元気もありません。せめて愛する人に見守られながら、彼女は死んでいきます。

ヴェルディは明らかに社会の虚飾、人々の偽善に対して激しい怒りを抱いています。それも当然、実は彼の実体験が「椿姫」には反映されています。ヴェルディは最初の妻を病気で亡くしたあと、別の女性と愛し合うようになり、いっしょに暮らし始めました。ところが、それが故郷の人々の反感を買ったのです。誰に何の迷惑をかけているわけでもないのに、嫌われ、陰口を叩かれたのです。ヴェルディはその理不尽に怒りました。

このヴィオレッタは、オペラの歴史の中でも特にむずかしく、演じがいがあるソプラノの役です。ドラマティックで生々しい感情表現が求められますが、同時に軽やかな技巧も必要です。見た目も華がなければなりません。正直なところ、この役を完璧にこなせる歌手はいないのではないかと思わされるほどです。

そうそう、このオペラは初演が大失敗したことでも有名です。主役を、とても病気とは思えない健康的な外見の歌手が演じて、失笑されたといいます。力強く歌うためには体力が必要。なのに、健康に見えてはいけないという点でもむずかしい役なのです。

「オテロ」――ヴェルディの最高傑作

「アイーダ」「椿姫」が、ヴェルディが書いたもっとも人気がある作品で、かつ名作であることは疑いありません。が、ヴェルディの最高傑作はどれかと問われれば、私なら「オテロ」（一八八七年初演）と答えます。老いてもう新作を書く気力を失っていたヴェルディが、若い台本作家に創作欲を刺激されて完成させた文字通りの力作です。原作は彼が愛してやまなかったシェイクスピアの『オセロー』です。

北アフリカのムーア人であるオテロが、手柄をあげ、当時栄華を誇ったヴェネツィアの将軍に上り詰めます。そしてめとったのが名家の娘デズデーモナ。愛し合うふたりですが、魔の手が伸びてきます。オテロに恨みを持つ旗手ヤーゴです。軍人としての栄達をきわめ、愛する女と結ばれて幸福の絶頂にあるオテロに、ヤーゴは奸計《かんけい》を仕掛けます。妻が浮気をしていると思いこませ、ふたりの間をめちゃくちゃにしてやろうというのです。

哀れオテロはまんまとその罠にはまり、嫉妬のあまり妻を殺してしまいます。が、真実を知らされ、無実の妻を殺害したことを悔い、自ら命を絶ちます。

最初から最後まで隙がない作品です。とりわけオーケストラの表現力のすさまじさは、かつてヴェルディが書いたことがないほど。ただし、「アイーダ」「椿姫」に比べると、甘美さが少なく、豪華なシーンがあるわけでもありません。

英雄オテロを歌うのは並外れて強靱なテノール、ヤーゴは演技達者なバリトン。歌手もオーケストラも一流でないと、この作品のすごさは伝わりにくいかもしれません。オペラ、あるいはクラシック音楽の作品の中には、極上の演奏でないとすばらしさが伝わらないものと、そうでないものがあります。「オテロ」は前者でしょう。

ほかにも「リゴレット」「トロヴァトーレ」「ドン・カルロ」など、ヴェルディはいくつもの名作を書きました。すばらしい歌手が歌ってくれれば、舞台が貧相だろうと、オーケストラが下手であろうと、聴衆をエクスタシーに誘ってくれるはずです（そこが「オテロ」との違いです）。

いずれにしても、ヴェルディの作品中では、強い者や権力者は暴力的で、醜悪なことがしばしばです。ワーグナーの場合、弱い者は卑しく、強い者が美しいのですが、まさしくその反対です。社会的な弱者に対する作曲家の同情は明らかで、ヴェルディのオペラが人々を感動させ、共感を集める大きな理由はそれでしょう。

12 「カルメン」～奇跡の作品

初演は失敗

ジョルジュ・ビゼー（一八三八—七五）の「カルメン」は、あらゆるオペラの中でもっともよく知られ、また愛されている傑作かもしれません。確かに天才的な作品、奇跡のような作品だと思います。生没年を見ればわかる通り、ビゼーはあまりにも若死にしすぎました。もし彼がオペラを書き続けていたら、他にどんな傑作が生まれたことか。まことに惜しまれます。

その「カルメン」は、一八七五年、すなわち作曲者が思いがけず他界する直前に初演されましたが、その初演が成功しなかったことでも知られています。これほどまでに魅力的なオペラもそうはないのに、どういうわけかパリの観客は手放しで喜んだわけではなかったのです。

「カルメン」に限らず、今日まで生き残っている名作の初演は、しばしば失敗したり、あるいはそれほどの好評を得られずに終わっています。時代を超えた名作というものは、生まれた時代の常識を飛び越えているからこそ名作であり、音楽史に残っていることがわかります。常識を超えているということは、理解するのに時間がかかるということにほかならないのです。オペラが誕生して以来いったいどれほど多くの作品が作曲されたのか、正確な数は誰にもわかりませんが、時代の常識の範囲内で作られ、すぐに人気を得た作品の大半はもはや上演されません。

ちなみに、オペラの新作、あるいは新作でなくても舞台装置などを一新した新制作が上演される初日を、プレミエと呼びます。この日は、チケットの値段が大幅に割り増しになっていることも多く、終演後にパーティーが開かれたりもします。観客の中には、このようなプレミエだけを訪れる人たちもいます。誰よりも早く新作を見るのは、優越感や虚栄心を満足させるでしょうし、普段以上のドレスアップが慣例ですから、会場の雰囲気も華やかです。こうしたプレミエを見る客が、オペラの客全体と同じわけではありません。上演は繰り返されるごとに練り上がって質が高まっていくのが一般的な傾向です。それもあって、本当にオペラが好きな人は、高額な初日ではなく、何度目かの上演に出かけることも珍しくありません。

少なくとも、「カルメン」初演がはなやかなプレミエを好む客にはあまり喜ばれなかったということは確かです。その理由のひとつは、主人公です。カルメンはいわゆるジプシーなのです。このジプシーという語には差別的なニュアンスがあるとされ、しばらく前からヨーロッパでは例外的な場合を除いて使わないようになりました。代わりに、ロマ(族)という言葉を用います。日本でも最近はそうしているようです。

ロマの人々は、独特の生活様式や性格を持っているとされます。定住や定職を嫌い、放浪生活を好むというのが、彼らに対して持たれる典型的なイメージです。占いや露天商などで生計を立てますが、誘拐や窃盗など犯罪に手を染めるという偏見も強く、ことあるごとに差別され、ひどい場合には殺されたりしました。ヒトラーのユダヤ人虐殺は悪名高いですが、そのターゲットには、ロマも含まれていました。

私は、もう三〇年近くも前ですけれど、スペインを走る長距離列車の中で、ロマと思しき人が鉄道関係者からひどい扱いをされるのを見たことがあります。理由は定かではありませんが、まるで野良犬か何かを扱うような乱暴さに、私と友人たちは唖然としてしまいました。まさにヨーロッパの暗部を見たという気がしました。また、パリの地下鉄でもっぱら観光客などの財布をスリ取ろうとするロマの子供が、地元の若い男から容赦のない足蹴を食らうところを見たこともあります。なるほど、スリは立派な犯罪ですが、小さい子供を渾身の力で蹴飛ばす残酷さに驚きました。

そのような蔑《さげす》まれる立場のロマの女が主人公、それも卑しく弱い女ではなく、強く誇り高く魅力的な女というのが、まずは常識を逸脱していたのです。

舞台は、ロマの人々が多く住むとされる南スペイン。今も昔も、スペインは、それより北のヨーロッパの人々にとってはエキゾチックで特別な国でした。ナポレオンが、「ピレネー山脈（フランスとスペインの国境あたりの山々）の向こうはアフリカだ」と言ったのは有名です。それくらい遠い感覚があったのです。ましてや南方のアンダルシア地方はなおさらです。

カルメンは悪女？

フランス人の作曲家が作った「カルメン」に描かれているのはスペイン、悪く言うと観光地の絵葉書のようなスペインです。闘牛士、決闘、占い、踊り等々、いかにもスペインと聞いて思い浮かべる要素がこれでもかとてんこ盛りです。

「カルメン」が、初演こそうまくいかなかったものの、その後不朽の名作として人気を博すことになったのは、日本でも昔から頻繁に上演されていることからもわかります。特に女性がこのオペラを好むような印象を私は持っています。あらゆる社会的な束縛をものともせず、自由な生き方を貫くカルメンの姿に憧れるのかもしれません。

ビゼーが、このオペラの中で主人公カルメンに高い声を当てなかったことは暗示的です。カルメンは、決して高いあえぎ声をあげたりはしないし、恍惚のあまり甲高い声で叫んだりもしないのです。一般的に、オペラにおいては、恋する若い男女は、ソプラノとテノールの組み合わせであることが多い。彼らの二重唱は、もっとも高い音域で恍惚と興奮と幸福を表現します。しかし、恋多き女カルメンは、そのような扇情的な、あえて言うなら、セックスの比喩であるような歌を歌わないのです。

カルメンは悪女とされています。が、この「悪女」なる言葉は、完全に男性の視点からの判断です。男をたぶらかす女は悪いと決めるのは男です。好きなように恋をして何が悪い、嫌いになったらそれはそのときで仕方がないではないか、というカルメンの考え方のほうが、実はまともではないのか。いずれにしても、恋愛に限らずすべてにおいて男が女をリードするべきであるという考え方が一般的な時代に、カルメンは意図せずしてフェミニズムの英雄のように登場したのでした。

逃れようのない運命のドラマ

いささか話が進み過ぎました。「カルメン」が名作なのは、ヒロインが魅力的だということもありますが、やはり音楽がすばらしいのです。ビゼーが書く旋律は簡潔で明快で、不思議な透明感を持っています。明るいようでいて、悲しげなニュアンスもあります。

しかも、彼はオーケストラの扱いに秀でていました。各楽器の特徴を生かし、華やかな響き、重たい響き、やわらかい響きなど実に効果的に書き分けました。一番最初にオーケストラで奏される有名な前奏曲がその好例です。賑やかで元気で明るい部分と、それとは正反対の重苦しく暗い部分（これは、人間が抗えない宿命を表します）の対比が実にドラマティックです。

しかも、そこからさらに一転して、幕が開くと同時に町のにぎわいを活写する音楽が鳴りだします。クラシック音楽の世界で、オーケストラの扱いにもっとも長けた作曲家のひとりが、あとで取り上げるリヒャルト・シュトラウスという人です。彼のオペラ「サロメ」は、まさにオーケストラの響きのデモンストレーションというくらい色彩的なのですが、このシュトラウスが絶賛していたのが「カルメン」でした。彼は若い作曲家には、「カルメン」を勉強しろとアドバイスしました。

ではストーリーを追ってみましょう。第一幕、場所はアンダルシア地方の代表的な都市セビリアです。男性主人公は、フランス語でドン・ジョゼと発音されますが、日本では慣習的にドン・ホセとスペイン語風に記されます。しがない兵士にすぎぬホセですが、故郷にはミカエラという純情な娘がいて、彼の帰りを待っています。

しかし、この日、ホセはカルメンと運命的な出会いを果たしてしまうのです。煙草工場の前では大勢の男たちがたむろしていて、カルメンが出てくるのを今か今かとじりじりしながら待っています。美女の姿を拝み、あわよくば仲良くなりたいとチャンスを狙っているのです。休憩時間になると、女工たちがぞろぞろ出てきて、煙草を吸いながら、まさしく煙がたゆとうようにやわらかな合唱曲を聴かせます。

音楽の調子ががらりと変わり、激しくなります。いよいよ姿を現したカルメンは、有名な「ハバネラ」という歌を歌います。恋は小鳥のようなもの、移り気なもの、そんな恋愛観をカルメンは披露するのです。

が、すっかり夢中になっている周囲の男どもとは対照的に、ホセはカルメンにまったく興味がありません。それに気づいたカルメンは、自分を無視するホセをからかいたくなり、持っていた花を彼に投げつけて、高笑いしながら去っていきます。この花が、これから先まるで毒のようにじわじわと効いてくるのです。

人々も去り、いったんは静かになった舞台。が、カルメンは奔放な女ですから、工場で地道に働くことなどできるわけがありません。一帯は突然騒がしくなります。カルメンが喧嘩騒動を引き起こし、他の工員をナイフで傷つけてしまったのです。当然、カルメンはしょっ引かれることになり、ホセが護送を命じられます。

カルメンは、「私を逃がしてくれたら……酒場で会って……楽しみましょう」と意味ありげな歌、「セギディーリヤ」を歌います。囁くような実に艶めかしく妖しい音楽です。また、フランス語の柔らかい響き、母音の多彩さがあってこその歌です。

こんなエロティックなことを囁かれたら、ホセはたまりません。のぼせたようになって、カルメンを逃がしてしまいます。もちろん、周囲の人たちには、ホセが色仕掛けでやられてしまったことは一目瞭然、腹を抱えて笑います。

ホセは、カルメンを逃がしてしまったせいで営倉《えいそう》に入れられてしまいます。営倉とは、軍規に違反した者を収容する牢屋のようなものです。

第二幕は、カルメンの仲間が経営する酒場、リリアス・パスティアが舞台。浮気っぽいカルメンですが、妙に律儀なところもあります。自分を逃がしてくれたホセに報いるべく、彼がやってくるのを辛抱強く待っているのです。他の男たち、たとえばホセの上官が寄ってきても、相手にしません。

酒場はただでさえ繁盛しているのに加え、有名な闘牛士のエスカミーリョが来店したので、お客たちは狂喜乱舞、いっそう盛り上がります。よく知られた「闘牛士の歌」はここで披露されます。

エスカミーリョは美しいカルメンを見て、さっそく声をかけますが、あっさり断られます。粋な彼は、しつこく食い下がったりはせず、すぐに退きます。このさっぱりしたところが、逆にカルメンの気に入ります。

盛り上がりも一段落したところで、そそくさと店じまいが始まり、お客は追い出されます。この日、カルメンの仲間たちには相談ごとがありました。儲かりそうな密輸を計画しているのです。女たちが色気で税関吏の気をひいているうちに、男たちがこっそり荷物を運べばいい。そのためにはぜひとも女が必要だと男たちは主張します。しかし、カルメンは首を縦に振りません。ここでホセを待っているというのです。

そのとき、遠くからホセの声が聞こえてきます。ようやく営倉から釈放され、カルメンのもとに駆けつけてきたのです。ふたりは激しく抱き合います。

ところが、まことにタイミングが悪いことに、その時、遠くからラッパの音が聞こえてきます。外に出ている兵士に、宿舎に戻れと知らせる帰営ラッパです。ホセは焦って、帰らねばと言います。ここでまた軍規違反をやらかせば、さらに重い罰を受けることになりますから。

だが、ルールに縛られず、自由気ままに生きてきたカルメンには、これが理解できません。ホセの慌てぶりが滑稽にすら感じられます。これまでやさしかったカルメンの気持ちは一転、たちまち恋は醒めてしまい、あなたみたいなカナリヤ（弱虫の意味）はさっさと帰れとホセを罵倒しはじめます。ホセが切々と愛を説いても（すばらしく美しいアリア「おまえが投げたこの花を」〈「花の歌」〉）、聞く耳を持ちません。本当に私を愛しているのなら、馬に乗せてどこか遠くへ逃げるはずだと言い始める始末です（このあたりの音楽は、女の底知れぬ不気味さが表れていて、ぞっとするほど怖いです）。呆れ果てたホセは、もはやこれまでと諦め、帰ろうとします。

だが、なんと間の悪いこと。ホセが帰ろうとしたまさにその瞬間、別の男がやってきたのです。しかもよりによってホセの上官です。前からカルメンに執着していた彼は、他の客たちが帰ったタイミングを見計らって、もう一度戻ってきたのです。カルメンがホセといっしょにいるのを見て驚いた上官は、「おまえ、付き合う相手を間違えていないか」と、どうせなら地位が高い自分と付き合えと言い出し、ホセには部隊に戻れと命じます。

ところが、ホセはその場を離れようとはしません。帰ったら、カルメンを上官に取られてしまうかもしれないと心配になったのです。男としてのプライドを傷つけられたホセは、刀を抜きます。こうなってはもうだめです。一巻のおしまいです。上官に刃向かうことは、軍隊では絶対に許されないこと。死刑にも値する罪なのです。上官も刀を抜いて、戦いが始まります。

カルメンの仲間たちが出てきて、ふたりを引き離します。思いがけず目にしたホセの勇ましさに、カルメンは彼を見直します。とはいえ、もはやホセは軍隊には戻れません。脱走兵として隠れて生きていくしかなくなったのです。うちしおれるホセとは反対に、世界は広いし、私たちは自由だとカルメンは喜びます。

けれど、ホセとカルメンは、しょせん水と油なのです。もともとがまじめな性格のホセ。束縛されるのが大嫌いなカルメン。たまたま出会ってひかれあったものの、いざ付き合ってみれば、すれ違いばかり。しかも、ただでさえカルメンは飽きっぽい女です。ふたりの関係はたちまち冷めてしまいます。

第三幕。彼らは、仲間とともに密輸に携わっています。今はうら寂しいひとけのない場所で、休憩を取っているところ。女たちは退屈しのぎにカードを使った占いを始めます。カルメンが試してみると、彼女が引いたのは死のカード。驚いてもう一度やってみても同じものが出てきます。自分はホセに殺され、ホセも死ぬという運命に違いないと慄然《りつぜん》とします。

すると、思いがけずそこにやってきたのが、ミカエラです（密輸団がこっそり休憩するような場所に、か弱い女がひとりで来るというのは、本来危なすぎるし、ありえない設定ですね）。軍隊を脱走したホセを心配してここまで追ってきたのです。

さらには、闘牛士エスカミーリョまで登場。彼は酒場でカルメンを見かけて以来、忘れることができず、ここまで追いかけてきたのです。まだカルメンに固執しているホセは、エスカミーリョに激しい敵意を抱き、ふたりはナイフで決闘を始めます。すっかり頭に血が上っているホセ。しかし、ミカエラが、ホセの母親が危篤で、最後に一目だけでも彼に会いたがっているのだと言うと、帰郷を決意します。とはいえ、再び戻ってくるからなとカルメンを脅すことは忘れません。

いよいよ最後の幕です。闘牛場の前。期待に胸を膨らませた観客が次々に会場に吸い込まれていきます。カルメンと仲間たちも、エスカミーリョに招待されたので、精一杯着飾って来ています。ところが、物陰にはホセが潜んで、カルメンを待ち構えています。もう一度会ってよりを戻したいのです。それに気づいた仲間たちが、あいつに気を付けたほうがいいとカルメンに忠告しますが、気が強い彼女はまったく動じません。彼女にとってホセはもう過去の男。今はエスカミーリョのことで頭がいっぱいです。ここで歌われるカルメンとエスカミーリョの二重唱は、短いですけれど、静かで、しんみりとしていて、厳粛ですらあります。

やがて闘牛が始まります。観客の歓声が会場の外まで聞こえてきます。カルメンとホセは、向かい合います。ちょうど今、場内で行われている闘牛と同時に進行する、もうひとつの対決にほかなりません。

ホセはもう一度やり直そうと食い下がりますが、カルメンはまったく相手にしません。あげく、かつて彼女にプレゼントした指輪を投げて返され、自制心を失ったホセは、もはやこれまでとカルメンを刺し殺します。

人々が駆けつけ、ホセを捕らえます。

短いですが、まさに手に汗握る緊迫感、迫力に満ちている幕です。おしゃれをした人々、華やかな音楽、このうえなく美しい装いのカルメン、それとは正反対にすっかり落ちぶれてボロボロになったホセ、ぎらぎらと光る太陽、地面にしみ込む血。

すさまじいリアリティ

この作品に関しては、比較的詳しくストーリーを説明しました。まさにいたるところ名アリア、名曲だらけの作品です。ドラマティックな迫力とともに、なんともすがすがしい

れました。

カルメンを知的と呼ぶことはとうていできません。彼女はただその瞬間のおのれの欲望のままに生きるだけです。けれども、もし彼女が正しく学び、考えることができたら……もしかしたら、猛烈にセクシーだけれど、同時に知的な、自由と平等のために戦う革命家になったのではないか。私はそんなことまで想像してみるのです。

原作は、プロスペル・メリメ（一八〇三―七〇）というフランスの作家の中編小説。オペラとは趣が大いに異なっており、カルメンが特に魅力的に描かれているわけでもありません。それを知るために読む価値はあるかもしれません。どうすれば、お客をひきつけるオペラが作れるのか知るという意味で。

マスネ「ウェルテル」

「カルメン」の人気や知名度には到底及びませんが、ジュール・マスネ（一八四二―一九一二）の「ウェルテル」（一八八七年）も欧米のオペラハウスではたびたび上演される名作です。

原作はドイツの文豪ヨハン・ヴォルフガング・フォン・ゲーテ（一七四九―一八三二）の、一世を風靡《ふうび》した恋愛小説『若きウェルテルの悩み』（一七七四年）です。

「カルメン」がドライというか、鮮やかというか、輪郭のくっきりした美しさを持つとしたら、「ウェルテル」はもっと柔らかでやさしい美しさを持っています。マスネの音楽は、しばしば感傷的で甘ったるいと評されますが（甘さの極致みたいな「タイスの瞑想曲」というヴァイオリンの名曲もマスネは書いています）、フランス語ならではの美しさを生かしつつも十分に劇的な歌の書き方といい、中間色を多く持つ繊細なオーケストラ部分といい、立派な作品です。

主人公のウェルテルは純情な若者ですから、軽めのテノールが歌います。彼が恋してしまう他人の許婚者のシャルロットは、落ち着きがあるメゾソプラノです。ビゼーは妖しい魅力を持つカルメンを低めの声で歌わせましたが、マスネのほうは、ウェルテルの一途な情熱を受け止めるべきかどうか迷う若妻の心を、少し低めの声で表現したのです。これがソプラノだったら……ウェルテルと駆け落ちしてしまうかもしれません。メゾだからこそ、「あ、私、何しているの？　こんなのいけないわ！」と反省できるのです。

それにしても、どうして一九世紀のオペラはこうも不倫だの破滅的な恋だのが好きだったのでしょうか。実はオペラに限らず小説も同様なのですが、時間に余裕がある人々、特にご婦人を少しばかり刺激して楽しませるという役割があったのです。しかし、同時に、不倫に走ったり、破滅的な恋に熱中してもろくなことにはなりませんよというメッセージも込められていたのです。

★コラム：オペラの中のフェミニズム

オペラを愛好する女性は大勢います。ことにヨーロッパの場合、劇場へはカップルあるいは家族で出かけるという習慣があることも関係して、男女比はほぼ同じ程度に見えます（例外はワーグナーで、男性ひとり客が目立ちます）。

しかし、実は私は会場にいる女性たちを眺めながら、「この人たちは、本当のところ、どう考えているのだろう、感じているのだろう。居心地は悪くないのだろうか」と訝《いぶか》しく思うことがあるのです。

なぜなら、今日愛好されているオペラの大半は、明らかに男性の視点から描かれ、男性にとって魅力的な女性、こうあってほしいという女性を主人公にしているからです。また、多くの作品では男が能動的、女は受動的です。要するに、男女観が古いのです。

曲がりなりにも男女平等が常識となり、男女の役割分担もゆるやかになってきた現代において、オペラはこの点でどうしようもなく時代遅れなのではないか、今日の価値観とはずれているのではないか、そんな疑問が打ち消せないのです。もちろん、現代とは異なった時代において、耐える女、待つ女が、ごく当たり前に描かれたこと、それ自体はよいことても悪いことでもないでしょう。一九世紀の作曲家は、ほとんどそういう女性しか知らなかったし、それ以外の女性のあり方を考えることは難しかったのでしょう。どんなに偉大な芸術家でも、時代の限界を超えることは容易ではありません。現代の視点から一方的に断罪するのは厳しすぎるかもしれません。

だが、そうは言っても、そんな作品を鑑賞している現代の女性に抵抗感はないのか、私はついそう心配してしまうのです。シェイクスピアの『ヴェニスの商人』は、たとえ偉大な劇作家の名作だとしても、ユダヤ人にとっては不愉快でしょう。同様のことが、オペラにも言えるのではないか。現代においても、女性は、男性の視点や価値観を自分の中に取り込み、半ば男性化していかないことにはうまく生きていけないのではないか。特に日本においてはまだまだそうではないか。そのような疑問が頭の中を巡ります。

オペラの主人公たちは、男性中心社会の犠牲者であることが大半なのです（悲劇的な最期を遂げる女主人公が多いのは、男がそれを見て興奮するからだという説もあるほどです）。オペラを初めて見に行った若い女性ほどそのことをはっきり口にします。「蝶々さんは、どうして馬鹿で軽薄な男を延々と待ち続け、あげく自殺までするの？」「カルメンは、つまらない男に追い掛け回されてかわいそう」。なるほど、こうした感想は、歴史を知らない素朴な疑問でしょう。であっても、現代の視点から見たひとつの真実を突いているのではないか。

今日愛好されるオペラを作った人たちは、作曲家も脚本家も男性ばかりです。彼らが知らず知らずに男性中心主義に陥っているとしても、彼らの罪ではないでしょう。が、現在の視点からそれを批判的に見ることもまた必要に違いありません。そういうことに無自覚にオペラを上演したり鑑賞したりすることは、非文明的な後戻りを助けることにしかならないのではないか。私はなにごとも「それは文化だ」と言って許容し、それどころか価値を見出そうとする態度や論調に強い嫌悪感を覚えます。かつての中国の纏足《てんそく》も、イタリアのカストラートも、今の日本のある種の漫画も文化には違いありますまい。だが、少女の足をぐるぐる巻きにしてまともに歩けなくすることがはたしてすばらしい文化なのか。男の子を去勢して、高い声を保つことが、たとえ美しい音楽のためだとしても、許されることなのか。たとえ想像上のことであり、現実としては被害者はいないにしても、少女を男たちが性的にいたぶるような漫画表現が、胸を張って自慢できるようなことなのか。

私は「文化」の上に「文明」があるべきだと考えます。文化とは過去や現在の姿です。しかし、これからあるべきことを考えて作り出すのが「文明」です。これは一般的な定義とはややずれるでしょうが、私はそのように言葉の使い分けをしたいと思います。

ついでに言うと、オペラを大喜びで見ている男性たちにも、私は違和感を覚えます。彼らは、オペラの中で描かれている古い男女関係に浸って安心しているのではないか。私は、オペラを楽しみつつも、それがあまりに男性中心の価値観で作られていることに、うしろめたさを感じる瞬間があります。

本書で何人かの演出家の名前を挙げていますが、ペーター・コンヴィチュニーやカリスト・ビエイトが作り出す舞台に共感を覚えるのは、彼らが弱者の視点を持っているからです。たとえば、コンヴィチュニーは「さまよえるオランダ人」(ミュンヘン)で、最後の救済を破壊してしまいました。ゼンタが海に飛び込んで自殺したあと、普通なら、オーケストラが高らかに男の魂が救われたことを表す音楽を奏で、観客がカタルシスを味わっているさなかに幕が下りるのですが、彼の演出では、もはやオーケストラは演奏しません。ラジカセのようなちゃちな音がスピーカーから流れるだけです。女が命を捨てて男を救う、そんなことがあってはならないし、それがクライマックスになってはいけないというわけです。また、ビエイトが演出した「蝶々夫人」(ベルリン)では、哀れな蝶々さんは、最後、自殺などしません。その代わりに周囲の人間を殺し、アメリカのパスポートを手に入れて高笑いするのです。男も女も関係なく、人間が本当に追い詰められたとき、どうするのか。本当の悲惨とは何か。ビエイトはそうした問題を突きつけます。

「魔弾の射手」「ニュルンベルクのマイスタージンガー」「トゥーランドット」といったオペラでは、女は賞品のような存在です。競技に勝ったり、クイズに答えられた男が、女を手に入れるのです。そういう時代、そういう事実もかつて存在したかもしれません。しかし、私はこれらのオペラを見るとき、まずそのグロテスクさに抵抗感を覚えます。「昔はそうだったから……」ではすまないと思います。

昔と現在をすり合わせることで、人間の本質が見えてくる上演のほうを私はより好みますし、高く評価します。原作に忠実、原作に寄り添うというのも大事なことですが、その原作とはいったいどんなものかを改めて考え直すことも大事なのです。日本では、私が好むような上演はあまり人気がありません。原作のト書き通りのほうが喜ばれるのです。自分の頭を使って考えずにすみ、音楽や衣装や舞台装置を楽しめるからでしょう。けれども、どうか、特に若い人だったらなおさら、自分の頭を使って、自分で考えて、この舞台が何を表そうとしているのか、なぜはるか昔のオペラを今上演する意味があるのか、そんなことを考えてほしいと思います。劇場とは、人々に娯楽を与えるだけでなく、過去と現在が出会い、それらについて考え、そして未来への展望が開ける場所でもあるのです。

ヨーロッパでは、女性の演出家も増えています。また、昨今は女性指揮者も増えています。そういう時代の中で、オペラははたして遺跡のようなままでよいのか。むしろどんどん新しい可能性に賭けていくべきでしょう。

13 「ペレアスとメリザンド」～フランス・オペラの最高峰

音楽史上有数の名作

フランス語のオペラとして、音楽史上絶対に書き落とせないのが、クロード・ドビュッシー（一八六二―一九一八）の「ペレアスとメリザンド」（一九〇二年初演）です。

ドビュッシーは、「月の光」をはじめとする数々のピアノの名曲、あるいは「海」などのオーケストラ曲で知られていますが、ベートーヴェン同様、生涯にただひとつだけオペラを完成させており、それが「ペレアス」なのです。

これがなぜ音楽史上書き落とせない名作なのか。それは音楽と言葉の関係が常識的なオペラとはまったく異なっているからです。それまでの常識としては、やはり大きく歌い上げるアリアや、迫力のあるアンサンブル（重唱）の曲が、聴衆を喜ばせるために必要でした。もちろん歌詞も大事であることは当然で、その歌詞にどのような音楽を付けるべきかは、オペラ誕生以来何度も蒸し返される大問題ではありましたが、聴衆にとってはうっとりするような歌こそがオペラハウスに来る最大の理由だったことはどうにも否めません。その事情は、現在でもまったく変わりません。

また、「魔笛」やオペレッタや「カルメン」(初演時)のように、音楽と台詞をはっきり分けるという作り方もありました。愛や憎しみなどの感情は歌でたっぷり表現し、状況説明は台詞でどんどん喋らせてしまうという方法です。ある意味、合理的と言えるでしょう。しかし、ドビュッシーは、フランス語を生かし、言葉と音楽がまさに一体化したような作品を構想したのでした。それぞれの幕は三〇分から四〇分程度、途切れなく続きます。人間の意識がそうであるかのように、あるいはそもそも時間がそうであるかのように、ここからここまでがアリア、ここからここまでが合唱曲、そんなふうな仕立てではありません。

謎に始まり、謎に終わる

このオペラは実にドビュッシーらしい、神秘的で美しいオーケストラの前奏によって開始されます。実際、そのストーリーは、リアリズムの見地からはかけ離れた、暗示的と言おうか、曖昧と言おうか、謎に満ちたものです。

ある王国が舞台です。王様の名前はアルケルと言います。その孫がペレアス。ゴローは、ペレアスの兄ですが、父親は異なります。ペレアスの父親は重い病気を患っているようです。ゴローは結婚歴がありますが、だいぶ以前に先妻は死んだようです。その先妻との間には息子がいます。なかなかにややこしい家族構成ですが、それをサービス精神旺盛に説明してくれるわけではありません。暗闇の中、ところどころに光が当たるので、そこだけがふっと見える、そんなふうな示され方で物語は進行します。

狩りに出かけたゴローは、泉のほとりで美しい女を見つけます。女はどこからか逃げてきた様子で、ただただ怖がるばかり。どうしてこんなところにひとりでいるのか問われても、要領を得た返事ができません。

ゴローはその女、メリザンドを連れて帰り、妻にします。やがてメリザンドは身ごもります。

ところが、メリザンドとペレアスの関係がどうにも怪しいのです。妙に仲がよい、いやよすぎるのです。ゴローは不倫を疑い、とうとうペレアスを刺殺してしまいます。ペレアスは、もう自分は旅立つからとメリザンドに別れを告げに来ていたのでした。

メリザンドは赤ん坊を産んだあと、寝込みます。ゴローに傷つけられたのですが、本来なら命にかかわるような傷ではありません。しかし、彼女にはもはや生きたいという気持ちがまるでないようです。ゴローはそんな彼女になおもしつこく、不貞を告白しろと迫りますが、メリザンドは言わぬままに死にます。

いったい、ペレアスとメリザンドの間に不倫関係は、肉体関係はあったのでしょうか。どうやら、まだなかったように読めます。ふたりとも「子供のよう」とも語られています。でも、だから子供のように何も知らないまま罪を犯したということはないのか。メリザンドのおなかの中にいる子の父親は誰か。弟を殺したゴローがあまりとがめられないのはなぜか。そんなことをついつい考えて深読みしたくなるような物語です。

「ペレアス」は謎から始まり、謎に終わる不思議なオペラです。そんな謎の大海の中で、「いったいおれの妻はペレアスと不貞を犯したのか」、それればかり気にし、あげく臨終の床にあるメリザンドに執拗に問いただすゴローの姿は実に惨めで、下らない人間のように見えます。不貞をした、しない、という言葉に、いかほどの意味があるのか。そんな気にさせられます。全体がソフトフォーカスのぼんやりした写真のような中で、ひとりゴローの直接的な言葉だけが異質なのです。

上演時間は三時間にも近く、決して短い作品ではありませんが、不思議と短く感じられます。ゆるゆると進んでいく音楽が実に美しいので、どんどん時間が過ぎていきます。このオペラでは泉や井戸といった水関係の言葉やものが鍵になっていますが、まさに水のごとく、音楽もスムーズに流れていきます。「ペレアス」の音楽はヴェルディやプッチーニのアリアのようにくっきりとしたものではなく、耳を傾けるというよりは、浸《ひた》る、浸《つ》かるといった感じがする音楽とも言えます。フランス語がわかればもちろんベターですが、わからなくても、美しい音楽を十分に味わうことができるでしょう。たとえば、最後の、闇の中に溶解していくような終わり方のきれいなこと。

このオペラの原作は『青い鳥』で有名なモーリス・メーテルランク（一八六二―一九四九）です。『青い鳥』も同様ですが、象徴主義と呼ばれる、意味ありげなほのめかしを好み、いろいろな解釈をしたくなるような作品を書きました。ドビュッシーは、水や雲といった、はっきりした形にならないものに特に関心を抱いていました。

もっとも、どんな天才も、誰かの影響は受けるものです。ワーグナーの「トリスタンとイゾルデ」や「パルジファル」を聴いたことがある人は、「ペレアス」のあちこちにその面影を見出すはずです。フランス音楽の代表者のようにも捉えられるドビュッシーは、ワーグナーに傾倒もしていたのです。

プーランク「声」と「カルメル派修道女の対話」

「ペレアス」は、フランス語の美しさをよく伝えるオペラです（原作者メーテルランクは、ベルギー出身ですが）。フランス人は、フランス語の美しさに強い誇りを抱いています。それゆえ、その言葉の美しさや微妙な響きを生かすオペラを作ろうという考えがバロック時代からあったわけですが、フランシス・プーランク（一八九九―一九六三）の「声」（一九五九年初演）もフランス語ならではの言葉の美しさが楽しめる作品のひとつと捉えていいでしょう。だいぶ時代が下がりますが、ついでですからここで書いておきます。

上演時間はわずか四五分の一幕ものです。登場人物はたったひとりの若い女性だけ。

その女性が、別れたばかりの彼氏と電話で話す様子をオペラにしたものです。彼女は、別れたとはいえ、まだ男を愛しています。話しているうちに、再び恋心が蘇ってきます。実は彼女は、前の晩眠られず、睡眠薬を飲んで自殺しようとまで思いつめたのでした。しかし、男のほうには、もう別の女がいる様子。

最後、電話のコードが女性の首に巻き付き、彼女はこと切れます。徐々に錯乱していったあとの、静かな死。

コードのない電話が普通の現代では、もはやあり得ないストーリーとなってしまいましたが、おそらく初演されたころには、たいへんモダンな感じがしたのではないか。すぐれた上演に出会えれば、名女優のひとり芝居を見せてもらったかのような満足感が得られるでしょう。

簡潔なのに悲哀感あふれる、こんなしゃれた台本を書いたのは、詩人であり、映画など多方面に才能を発揮したジャン・コクトー（一八八九－一九六三）です。

プーランクには「カルメル派修道女の対話」(一九五七年初演)という、フランス革命期を舞台にした大作もあります。この革命期には、それまで社会のピラミッドの頂点にいた王侯貴族のほかに、社会や道徳の規範を形作っていたキリスト教や教会に対する攻撃も盛んになっていました。このオペラでは、そうした状況の中、修道女たちが信仰を守るべきか煩悶《はんもん》する様子が描かれます。最後、修道女たちが信仰とともに死ぬことを覚悟してひとりずつギロチン台に上がっていく情景、そこでの音楽は凄惨のきわみであり、戦慄的と呼ぶほかないものです。ヨーロッパではごく普通に上演されるオペラですが、キリスト教への理解が深いとは言いがたい日本では、なかなか見ることができないのが残念です。

日本の傑作——「沈黙」

これもついでですから、フランスのオペラではありませんが、キリスト教関連ということで、松村禎三《まつむらていぞう》(一九二九—二〇〇七)「沈黙」(一九九三年)の名前もここで挙げておきましょう。名作と誉れ高い遠藤周作《えんどうしゅうさく》の小説『沈黙』を素材にした作品で、長崎でのキリスト教弾圧、殉教などが描かれています。むごい処刑や拷問を目の前にし、神は本当にいるのか、そう苦悩し、ついに踏み絵を踏んでしまう宣教師の姿は、凄絶です。きわめて重い余韻が残ります。

日本語で歌われるだけに、息詰まるような緊張が伝わるはずです。つまり、イタリアやドイツやフランスの聴衆は、このような緊張を感じ楽しみながら、オペラを鑑賞しているということなのです。

14　チャイコフスキーとムソルグスキー〜北国ロシアで夢見られたオペラ

ロシア語のオペラ

ロシア・オペラは当然のことながら、ロシア語で歌われます。ロシア語は、オペラの世界で多数派のイタリア語、あるいはフランス語といったラテン系の言語とは異なる、スラヴ系の言語に分類されます。文法や単語が全然違うのです。また、ドイツ語や英語ともまったく異なるので、音だけ聴いていても、何を歌っているかまるっきり見当がつかないでしょう。もちろん、台本を読もうとしても、そもそもアルファベットが異なりますし、やっかいです。こうした事情は、日本の音楽家や聴衆にとってのみならず、西ヨーロッパやアメリカにおいても同じことで、それゆえ長いことそれぞれの国の言葉に訳されて上演されるのが普通でした。

しかし、今では原語主義が世界の主流となっていますし、字幕システムも普及しましたから、一流と目されている劇場ではロシア語で歌われることがほとんどです。いざ聴いてみれば、たとえ意味がわからなくても、ロシア語独特の重く粘っこい響きや調子が、ムソルグスキーやショスタコーヴィチの音楽と不可分なことは何となく理解できるのではないでしょうか。もし、これを英語で歌ったら……やはり違和感は避けられないでしょう。

また、昔からロシア、ソヴィエト、またその近隣の東欧諸国からは、すぐれた歌手が多く輩出されており、東西陣営の対立が解消された現在では世界中で活躍していますから、ロシア語を歌える歌手を揃えることはかつてほど難しいことではないようです。

オペラの世界において、ロシアあるいはソヴィエトの作品は独自の高峰を築いているると言ってよいでしょう。かの地においては、一九世紀以来、イタリアやフランスやドイツとはまったく異なった趣のオペラが作られてきました。端的に言って、一九世紀までのロシアは、西ヨーロッパより遅れていました。当のロシア人がそう思っていましたから、ドイツやフランスから多くの芸術家や文化人や教育者を呼び寄せました。輸入されたオペラも上演されていました。当時のペテルブルクやモスクワがどれほど国際色豊かな都市であったかは、トルストイやドストエフスキーの小説を読めばよくわかります。当たり前のように外国人が登場しますし、彼らに対するロシア人の屈折した感情が描かれています。

ロシア独自のオペラの歴史は、まずミハイル・グリンカ（一八〇四―五七）の作品から始まるとされます。「皇帝に捧げた命（イワン・スサーニン）」（一八三六年）、「ルスランとリュドミラ」（一八四二年）が彼の代表作です。しかし、この二つは現在ロシア以外ではほとんど上演されることがありません。後者の序曲が、オーケストラのレパートリーとして定着しているだけです。

ずばり言いますと、世界中で上演される一九世紀のロシアのオペラはごく限られています。ピョートル・イリイチ・チャイコフスキー（一八四〇―九三）の「エフゲニ・オネーギン」「スペードの女王」、モデスト・ムソルグスキー（一八三九―八一）の「ボリス・ゴドゥノフ」、この三つは、世界中のオペラハウスの定番レパートリーとなっています。それよりだいぶ頻度は落ちますが、チャイコフスキーのほかの作品、アレクサンドル・ボロディン（一八三三―八七）の「イーゴリ公」、ムソルグスキー「ホヴァンシチナ」などが続きます。

チャイコフスキー「エフゲニ・オネーギン」

一九世紀ロシア・オペラにおける最高傑作は何か？　ムソルグスキーが書いた「ボリス・ゴドゥノフ」という意見がもっとも多いでしょう。私もそうだと思います。

しかし、まずはチャイコフスキーのほうから述べましょう。「エフゲニ・オネーギン」（一八七九年初演）はロシアの文豪アレクサンドル・プーシキン（一七九九―一八三七）の原作をもとにした、いうなればごく普通のオペラです。普通という意味は、男女の恋心やすれ違いをきれいな音楽で表現しているということです。

チャイコフスキーは、今日のクラシックの世界ではもっともよく知られた作曲家のひとりです。彼が書いた交響曲をまったく演奏しないオーケストラは考えられないだろうし、「白鳥の湖」「眠れる森の美女」「くるみ割り人形」のいわゆる三大バレエを踊らないバレエ団もほとんど存在しないでしょう。ピアノ協奏曲やヴァイオリン協奏曲を弾かない独奏者もごく少数派です。そんなあんなの有名作に比べれば、オペラの存在感は今ひとつ希薄です。しかし、チャイコフスキーは、オペラの世界で成功することを強く望んでいました。何しろ彼は一〇以上のオペラを書いたのです。これは彼が作曲した交響曲やバレエ音楽や協奏曲の数よりずっと多いのです。

一八〜一九世紀の作曲家にとって、オペラで認められることは一流作曲家であるひとつの条件でした。たとえいくらすばらしい交響曲の傑作を書いても、録音も放送もない時代、それらを楽しむためにはコンサートに行かねばなりませんでした。今日のように、気に入った曲を何度も何度も、ほとんど暗記するくらい繰り返し聴くなどということはあり得ませんでした。が、オペラは、人気が出れば各地で、しかも何十回と繰り返し上演されました。上演されるたびに、作曲家の懐が潤うことも言うまでもありません。

また、オペラの場合、美しいアリアは、すぐにピアノ版やヴァイオリン版に編曲されて楽譜が売り出されました。歌が歌えたり、楽器が多少できる人々は、家庭でそうしたアリアを楽しむことができました。このような編曲による収入も、作曲家にとっては馬鹿になりませんでした。ですから、作曲家としての認知度を上げるためには、やはりオペラで成功することが不可欠だったのです。

ですが、チャイコフスキーは、オペラの分野で決定的な大成功を収めたとは言えません。「オネーギン」や、やはりプーシキン原作による「スペードの女王」は、今日でもたびたび上演はされるけれど、これらが彼の最高傑作だと言う人はまずいないでしょう。

興味深いことに、その一因は、チャイコフスキーが書いた美しい旋律にあるのです。チャイコフスキーは天性のメロディ・メーカーで、やすやすと美しい旋律を生み出すことができました。その才能を誉めそやす人の前で、たちまち旋律をひとつ書いてみせ、こんなものが書けるだけでは作曲家としては不十分だと破り捨ててみせたというエピソードがあるほどです。美しい旋律を思いつくだけでは、大規模で複雑かつ洗練されたクラシックの名曲は作れないのです。

たいへん不思議なことですが、チャイコフスキーの旋律は、弦楽器や管楽器で奏すると実に魅力的なのに、歌ってみると、そうでもないのです。たとえば、あまりにも有名な「白鳥の湖」の「情景」という音楽。あれをひとりの人間がソロで、あるいは合唱が歌うところを想像してみてください。どうでしょう、楽器が演奏するほど美しくはない気がしませんか。あの旋律は悲しげでしめりけがある木管楽器の音色で奏でられないとだめなのです。「くるみ割り人形」の「金平糖の踊り」はどうでしょうか。まったくお話になりませんね。チェレスタという楽器独特の音色でないと十全の効果は得られません。このようにチャイコフスキーのメロディの大半は、特定の楽器と組み合わされたときに、もっとも強い表現力を得るのです。残念ながら、彼の旋律は人間が歌うにはあまり適してはいないのではないか。この点が、すでに触れたヘンデルあたりとは決定的に違う点です。

「オネーギン」は華やかな社交界が舞台で、そこで起きる男女の気持ちのすれ違いが描かれます。主人公は優柔不断な青年。でも、「オネーギン」を聴いていると、ロシア語で歌われているにもかかわらず、ロシアのオペラだという感じがあまりしません。節回しはイタリアのオペラのようです。色彩的なオーケストラの響きはフランス音楽のようです。要するに、あまりにも洗練された国際様式の音楽ではないか。チャイコフスキーはしばしばロシアを離れてスイスやイタリアに滞在しました。外国のよさを熟知しており、時には外国かぶれと批判されもしました。そうした傾向が、ロシア語のオペラを作るためには必ずしも長所とならなかったのではないか。

もっとも、「オネーギン」も「スペードの女王」も愚作、駄作と言うほどまずいわけではありません。オペラハウスは、どのような上演予定を組むかが腕の見せ所です。いくら人気があるからと言って、「フィガロの結婚」と「カルメン」と「椿姫」ばかりやるわけにはいきません。ドイツ・オペラ、フランス・オペラ、ロシア・オペラ、それにバロックや現代のオペラも取り交ぜ、さらに興味深い新作や演出など、刺激的なものも入れてこそ、劇場の見識を認めてもらえます。そういうローテーションに入れるには、悪くありません。

ちょっと厳しいことを書きすぎたかもしれません。チャイコフスキーのオペラ独特の興味深い点についても書いておきましょう。ここまで述べてきたように、一般的にオペラの主人公は、この上ない激しさで愛に燃え、復讐を誓い、激しい行動に出たり、愛ゆえに身を亡ぼしたりしがちです。しかし、「オネーギン」あるいは「スペードの女王」でチャイコフスキーが描いたのは、そんなことができない、あるいはやってもうまくいかない主人公たちです。それも、ごく普通に生きてごく普通に幸せになれる人たちからは取り残されがちなタイプです。作曲者自身の繊細で孤独で悲観的な性格、言い換えれば、この世では傷つくばかりで幸せになれない性格を投影した登場人物が好んで描かれたというわけです。「オネーギン」で、きれいと言えばきれいな旋律が、特にかわりばえもなく何度も繰り返される様子は、何度も何度も後悔しないと気が済まない、まさにくよくよタイプの作曲家が書いたものという感じがします。

こうしたチャイコフスキーのオペラからは、どこか根無し草的な虚無感や疎外感が漂います。おそらくそれこそが彼のオペラのもっともユニークな点でしょう。だから、華やかであるはずの場面もどこか薄ら寒い印象になります。

ムソルグスキー「ボリス・ゴドゥノフ」

チャイコフスキーが西ヨーロッパ風でありすぎるなら、ロシア・オペラらしい郷土色豊かな傑作は何か？　ロシアの重要な作曲家はほとんどみなオペラを手掛けています。が、やはりムソルグスキーの「ボリス・ゴドゥノフ」（一八七四年初演）を上回る傑作は存在しないというのが、現時点の音楽史上の常識です。「ボリス」はきわめてユニークな、ムソルグスキーにしか書けなかったオペラです。そして、ロシアでしか生まれなかったような物語です。

「ボリス・ゴドゥノフ」の主人公は誰か？　その題名通り、ボリス・ゴドゥノフ（一五五二頃―一六〇五）です。歴史上実在した人物で、一六世紀から一七世紀にかけて、つまり日本では関ヶ原の戦いがあったり、江戸に幕府が開かれたりという時期のツァーリ、すなわちロシア皇帝です。

考えてみますと、実在の皇帝が主人公のオペラは、ありそうでいてなかなかないものです。とはいえ、実際に「ボリス」を見てみれば、このオペラが、皇帝の活躍や雅な宮廷を描こうとしたものではまったくないことにすぐに気づくでしょう。なるほど、皇帝は他の誰よりも高い地位にいます。その権力は絶対的です。にもかかわらず、彼の権力は、虫けらのような民衆ひとりひとりの支持がなければ崩れ去ってしまいます。そして、人心が離れてしまった権力者は、ひたすら孤独で、不安に怯えるしかなくなります。

「フィガロ」しかり、「椿姫」しかり、すぐれたオペラとはえてしてそういうものですが、「ボリス」は個々人の気持ちを表現するだけでは終わっていません。社会構造、権力構造の微妙さをあぶり出しています。この作品の真の主人公はロシアの民衆、それどころかロシアそのもの、ロシアの歴史なのです。

「ボリス」がどれほどユニークな作品として構想されたか。それは、最初の楽譜がペテルブルクの帝室劇場に上演を断られたことからもわかります（この版を初稿とか一八六九年版と呼びます）。

それも無理はなかったかもしれません。何しろ、女性が歌う甘美なアリアがひとつもなかったのです。プリマドンナ（主役の女性歌手で、たいていはソプラノ）の華やかで美しい歌は、劇場にやってくる人々にとって最大の楽しみのひとつ。それがまったくないなんて、最初にこの作品の楽譜をチェックした人々は目を疑ったのではないでしょうか。同様に、テノールが歌う抒情的な歌もありませんでした。要するに、美男美女が出てきません。男女の恋愛という、オペラにとって不可欠と考えられていた要素が完全に抜け落ちているのです。また、舞踏会のような、目にも鮮やかなシーンもありません（逆に言えば、チャイコフスキーはそのあたりを抜け目なく考えてオペラを作ったということですが）。色にたとえるなら、黒、茶、灰色など暗い色ばかりのようです。

こんな常識外れのオペラを仮に上演できたとしても、間違いなく失敗に終わったことでしょう。当時、オペラハウスを訪れる客は、偉大な芸術作品を勉強するという気持ちなど持っておらず、あくまで一晩の娯楽を求めていたのですから。

楽譜を突き返されたムソルグスキーは、友人・知人の意見を取り入れ、大きな修正を加えました。広く受け入れられるよう、常識的なオペラの姿に近づけようとしたのです。ようやく全曲初演にこぎつけたのは、最初に完成させてから五年後、一八七四年のことでした。

とはいえ、ムソルグスキーはあまりにも独特で、時代の常識を超えた作曲家でした。彼が生きていた時代、音楽の中心はドイツでした。だから、チャイコフスキーをはじめとするロシアの作曲家たちの多くは、ドイツ流の音楽を学び、そのような仕立て方で音楽を書こうとしました。なるほど、ロシアらしい旋律やリズム、また民謡の引用などはあるにしても、あくまで大枠はドイツ風であろうとしたのです。また、そのようにして作られた音楽は、ドイツや西ヨーロッパ諸国においても受け入れられやすかったのです。

ところが、ムソルグスキーはそのようなやり方をよしとしませんでした。もっともっと、本質においてロシア的でなければならないと考えたのです。よく知られているように、当時のロシアでは、社会階層の上にいる人々は、フランス語で会話するのを好みました。そんな状況の中で筋書きも音楽も荒々しいロシア風のオペラを作っても、田舎臭く、洗練が足りないと思われて当然でした。

ムソルグスキーの個性や方法は、ドイツやフランスの芸術に慣れた人にとっては、野蛮で稚拙と見なされました。とはいえ、捨てるには惜しいことも明らかでした。だから、ムソルグスキーが死んだあとで、ニコライ・リムスキー゠コルサコフ（一八四四―一九〇八）のような、常識的な意味でもっと上手な作曲家が楽譜に手を入れました。暗い響き、素朴だが力強い響きは、華麗ではではでしいものに変わりました。が、本来、ムソルグスキーが書いたのは絹ではなく麻布のような感触で原始的な力が勝った音楽でした。近年では、ムソルグスキーが書いた楽譜、それも最初の版で上演されることが増えました。

むやみと構えて聴く必要はありません。低い声で朗々と歌い続けるバスは、ソプラノやテノールのアリアとは別種の快楽を与えてくれるでしょう。また、それと一体化したようなオーケストラの重量感ある響きも魅力的です。何より、粘っこいロシア語とロシア風の旋律が見事に溶け合っています。かつて日本で愛唱されたロシア民謡のような野趣に富む部分もあります。これに比べれば、チャイコフスキーのオペラが、ストーリーの点でも音楽の点でも、青白いインテリゲンチャのオペラ、有産階級の退廃を反映したオペラのように感じられてくることうけあいです。

おそらく「ボリス」でもっとも印象的なのは、「戴冠の場」でしょう。鐘が連打される、ギラギラと眩く光るような音楽です。いよいよボリスは戴冠し、ツァーリとなります。人々は熱狂し、我を忘れて叫び声をあげます。この暗黒のオペラにあって唯一華やかな箇所ですが、同時にグロテスクでもあります。

このオペラのストーリーは、かつてのロシアよりはるかに教育や啓蒙が進み、情報が溢れる現代になっても、古びません。残念ながら、そう言わざるを得ません。英雄的なリーダーを待望する民衆の単純さ、愚かしさは昔も今も変わりません。人は、真実を信じるのではなく、信じたいものを信じるということも変わりません。権力を手に入れ守るために は犯罪をもいとわない人々は現代にもたくさんいますし、権力者が、権力を失うことを恐れ、地位を自分の子供に譲ろうとするのもよくあることです。

革命が起きてソヴィエト連邦になる前のロシアで作られたオペラとしては、ボロディン「イーゴリ公」、リムスキー＝コルサコフ「金鶏《きんけい》」などが時折上演されます。

このふたつとも、権力者が描かれています。特に後者は、皮肉が効いており、オーケストラも色彩的でなかなか楽しい作品です。

15　東欧のオペラ〜独特の味わい

ヤナーチェク――常識はずれのオペラ

ロシア以外の東欧においても注目すべき作品が作られています。そのすべてについて述べることはできませんが、代表的な作曲家、作品をいくつか紹介しましょう。

チェコのベドルジハ・スメタナ（一八二四―八四）は特に「モルダウ」（交響詩集「わが祖国」のうちの一曲）で知られている作曲家です。彼の「売られた花嫁」（一八六六年初演）は、ボヘミア（チェコ）の農村を舞台にした喜劇で、郷土色豊かな名作です。

それとは対照的に、暗みを帯びているのが、アントニン・ドヴォルザーク（一八四一―一九〇四）の「ルサルカ」（一九〇一年初演）で、水の精と人間の悲恋を描いています。何しろ交響曲「新世界から」などを書いた作曲家の作品ですから、「ルサルカ」も感情豊かでドラマティックで、親しみやすいオペラです。

しかしながら、スメタナやドヴォルザーク以上に、現在のオペラ界にあって存在感を放っているチェコの作曲家は、間違いなくレオシュ・ヤナーチェク（一八五四―一九二八）です。

ヤナーチェクは、生没年を見ればわかるように、一九世紀の終わりごろにはすでに十分に成熟した音楽家になっていたはずの世代に属します。チャイコフスキーは一八四〇年、ドヴォルザークは一八四一年の生まれですから、それより一〇歳ほど年下なだけなのです。ところが、ヤナーチェクの音楽は、チャイコフスキーやドヴォルザークとは比べられないくらい新しいのです。いや、新しいというか異次元の発想から作られているのです。ごく普通の一九世紀のオペラにおいては、ここが山場という場面を設定して、それに向かって盛り上げます。ここが聴きどころという独唱曲や重唱曲があります。ところが、ヤナーチェクのオペラは、そんな常識にてんで縛られていないのです。

そのため、とらえどころがないと最初は思えるかもしれません。が、個性は明確です。単純なリズムや音型の繰り返しといい、ぎらぎらした響きのオーケストラといい、野趣というかローカル色というか、普通の意味での洗練とは違った味わいがあります。群衆のシーンのにぎにぎしさも、高級なオペラハウスというより、ほこりっぽいと言おうか普段着的と言おうか、大衆的な芝居小屋のような感じがします。ややムソルグスキーに似ていると言ってもいいでしょう。

「利口な女狐の物語」——非西欧的な世界観

ヤナーチェクが書いたもっとも親しみやすいオペラは「利口な女狐の物語」（一九二四年初演）です。もともと新聞に掲載されていた絵物語が原作というだけあって、民話のような平明な筋書きを持っています。一見、子供向きの内容にも思えますが、実は、人生に達観した人でないと作れない作品です。ヤナーチェクが作曲を始めたのは、もうすぐ七〇歳になろうという時期でした。達人の融通無碍《ゆうずうむげ》、そんな言葉を思い出させます。

主人公は、賢い女狐のビストロウシュカ。彼女は、子供のときに森番に捕まり、飼われていましたが、犬や鶏などと喧嘩して、森へ逃げてしまいます。

やがてビストロウシュカはかっこいい雄狐と出会い、夫婦となります。子供も生まれ、あいかわらず人間をからかったりしながら楽しい生活を送っていますが、運悪く行商人が撃った弾に当たって死んでしまいます。

年を取った森番は、ビストロウシュカのことを思い出します。もしかしたら、彼が本当に好きだったのは、妻よりも賢い女狐のほうだったのかもしれません。そんな余韻を残しつつ、幕は下ります。

人間どうしの愛憎、滑稽な事件、あるいは英雄や神々の物語、そんなものが作り続けられてきたオペラの世界において、「女狐」は実に例外的な作品です。なるほど、主人公は時には狡賢く、時にはエロティックな女狐であります。しかし、このオペラが彼女ひとりの物語でないことは、一見してみれば明らかでしょう。犬や鶏や蛙といった動物たち、森番や行商人や校長といった人間たち、そのいずれもがまったく同じ高さの視線から描かれているのです。

女狐の死がとりわけ悲劇的に描かれているわけでもありません。人間だろうが動物だろうが、生きているものは、いつか必ず死ぬ。死んだあとも、世界は終わらない。そんな単純かつ絶対的な真理が鮮やかに示されています。恋も憎しみも、生も死も、広い世界、長く続く世界の中の、ほんの一瞬のことでしかないのです。

最後の場面には切なさや悲哀があります。が、それは個々人の切なさというよりも、世界がこうであることの切なさです。生きている者なら受け入れるしかない切なさです。日本の観客にとって、こういう無常観はなじみやすいに違いありませんが、ヨーロッパのキリスト教的な世界観とは大きく異なります。まったく独特の透明感が漂っています。

「死の家から」――人間の本質は回想

「利口な女狐」は、わずか一〇〇分のオペラですが、ヤナーチェクにとってはこれくらいの長さが書きやすかったようです。そして、ヤナーチェクのオペラは、いかにもそれらしい筋書きや結末にこだわりません。

たとえば彼の最後のオペラとなった「死の家から」（一九三〇年初演）の原作は、ドストエフスキーの長編小説『死の家の記録』です。最晩年の作曲家がこのような素材を選び、完成に心血を注いだことには驚かされます。

場所は、監獄。新たな囚人（政治犯）が連れてこられ、非人間的な扱いを受けます。囚人どうしのくだらないいさかいがたびたび起こります。何しろ、監獄が舞台ですから、そこで起きるのは愚にもつかない喧嘩など、ごくごく限られたことだけ。ですから、オペラの大部分は、囚人たちが語る昔話なのです。

「女狐」の最後にも明快に表現されていましたが、時間感覚や、過去を思い出す回想は、人間独特のものです。動物には、今この瞬間だけしかなく、決して回想などしません。とするなら、監獄の中で日々を回想に費やしている囚人たちほど人間的なものはないのではないか、そんなことまで考えさせられます。さらに言うなら、私たちとてその囚人たちと本質において変わるところは何もありません。

ヤナーチェクのオペラは、音だけを聴いても、本当のおもしろさは伝わりません。また、映像を見ても、あまり釈然としないでしょう。実際に舞台に接してこそ、彼独自のオペラのおもしろさがわかります。たとえば、「カーチャ・カバノヴァ」（一九二一年初演）の、これから何が始まるのだろうとわくわくさせるような冒頭部分を見て聴いてみれば。

バルトーク「青ひげ公の城」——ミステリアスな一幕物

ハンガリーのベラ・バルトーク（一八八一—一九四五）は、二〇世紀のもっとも重要な作曲家のひとりです。オペラでは「青ひげ公の城」（一九一八年初演）という非常に印象的な作品を遺しています。基本的には、よく知られている青ひげの伝説に沿っています。

どことも知れぬ場所。青ひげと新妻ユーディットは陰鬱な城に到着します。これ以上先に進むと、もう戻れなくなるぞと妻に警告する青ひげ。ですが、彼を強く愛し、反対する家族とは縁を切ってまでしてついてきた彼女は、ためらうことなく歩みを進めます。

城には七つの扉があります。その向こうには何があるのかと問う妻に、青ひげはしぶしぶ扉を開いて見せます。すると、拷問部屋、武器庫、宝物庫……。不気味なことに、そのどれもに血の痕跡があるのです。青ひげは何度も妻に「怖くないか」と尋ねます。

ある扉を開くと、すさまじい響きが鳴り渡ります。そこからは青ひげの広大な領地が見えるのです。思わず感嘆の声をあげるユーディット。

そして、いよいよ最後の扉。開けてみると、そこにいたのは、青ひげの三人の先妻たち。誰も何もしゃべりません。啞然とするユーディットに、今日からおまえもここに加わるのだ、と青ひげが言います……。

もともとメーテルランクの戯曲からヒントを得て作られたオペラです。象徴的で謎めいた内容を持っているのは、同じ作者の原作をもとにしたドビュッシー「ペレアスとメリザンド」同様です。

ハンガリー語ならではの粘っこい響きも特徴的ですが、ことにオーケストラの音楽がすばらしい。時には、声つきのオーケストラ曲ではないかと思えるほどです。たとえば、冒頭の暗鬱な音楽。それとは対極的な、青ひげの広大な領地を示す場面での壮麗きわまりない響きに圧倒されない人はいないでしょう。

登場するのは、まったく歌わない先妻たちを除けば、青ひげとユーディットのみ。しかし、それで不足はありません。
妖しい、時として陶酔的な美しさ。きらきらと幻惑的な響き。サスペンス・ドラマのような不安や緊迫感。謎めいた終わり方。たとえわずか一時間の作品でも、これを鑑賞している間は、不思議な世界に迷い込んだような気分にさせられることでしょう。

こうした東欧の作品はいずれもチェコ語やハンガリー語で歌われるために、かつては難解とされ、しばしばドイツ語などに翻訳されて上演されていました。けれど、今日では字幕システムが普及したため、独特の魅力に触れやすくなったのはまことに幸いと言わねばなりません。

★コラム：オペラの言葉

オペラはイタリアで生まれ、ドイツやフランスなどに広まりました。そして、その歴史の中で、イギリスはついぞ創作大国にはなれませんでした。イギリスとアメリカは、オペラを消費する国ではあっても、世界的な人気作品を生み出すことはできていません。昨今はイギリスの作曲家パーセルやブリテンの上演が増えましたが、まだまだ限られたものです。

従って、私たちが鑑賞するオペラのほとんどが英語以外の外国語で歌われます。イタリア語、ドイツ語、フランス語が圧倒的に多く、続いてロシア語、チェコ語などが続きます。

その昔、オペラに関心を持つ人は、レコードやCDに付属している歌詞の日本語対訳を読んで、観劇前の予習をしました。でなければ、何を歌っているかほとんどわからなかったからです。しかし、現在では、映画のような字幕が普及しています。日本語は縦書きにもできるので、舞台の周囲の何ヵ所かに表示されることが多いです。ただし、これも映画同様、字数や表示速度の制約があるので、完全な訳は難しい。本当に関心がある作品については、売られている対訳本を読んだりしたほうがいいでしょう。最近はウェブ上で公開されているものも少なくありません。すばらしいことではありますけれど、ウェブ上の情報の共通点として、信頼度という点では疑問がある場合もなくはありません。

対訳は、左側には原語を記し、右側に日本語訳が書いてあるので、音を聴きながら原語と日本語を対比させて読めば、この歌のこういう箇所はこういう意味で歌っているということがよくわかります。キモになる単語、たとえば、愛だの復讐だの涙だのという言葉は、何度か、あるいは何作品かに接してみればおのずとわかってきます。

もっと少ない労力ですませたいなら、日本語字幕が付いているDVDを見ればよい。ただし、これもまた表示できる字数に制限があるので、完璧な訳は求められません。また、必ずしも適切とは思われない訳も多々あります（もっとも、これはかなり高級な不満で、一般レベルの鑑賞においてはまず問題にならないでしょうが）。実はレコードやCDに日本語対訳の解説書を付けるのは、レコード会社にとってはたいへんな経済的負担でした。翻訳料がかかるし、何十ページにも及ぶ冊子を作らねばなりません。今、そんな余裕のあるレコード会社はなくなってしまいました。

16　プッチーニ～より繊細に、よりモダンに

格下？

人気や上演頻度から見れば、オペラ作曲家の四巨頭はモーツァルト、ワーグナー、ヴェルディ、プッチーニとなります。モーツァルトは言うまでもない史上まれな大天才。ワーグナーも、常識を超えた大人物。ヴェルディは、努力と経験の末に大輪の花を咲かせた地味型天才。

では、プッチーニは？　いくら上演される機会が非常に多いとはいえ、ほかの三人に比

べると、ワンランク落ちる存在なのでは？　オペラ愛好家や専門家の間には、そんなイメージがあるのではないでしょうか。なるほどきれいはきれいだ。でも、どこか安っぽいのではないか。お涙ちょうだいではないか。そういった批判が常にあります。特に本場イタリアにおいては、ことあるごとにヴェルディの偉大さが強調されているように思います。いわゆる大指揮者たちも、プッチーニよりはヴェルディの演奏に熱心な場合がほとんどでした。

しかし、私はプッチーニ作品がヴェルディより質的に落ちるとは考えません。それどころか、プッチーニのほうがはるかにおもしろいと思います。音楽がきれいというだけではなく、いろいろな点で興味深いのです。

ついでですから、おおざっぱに特徴をまとめてみましょうか。モーツァルトのオペラに出てくる人間のほとんどは、どれも私たちと同じような人間です。欲があって、弱さがあって、でもやさしかったり、愛情を持ってもいる。悪いやつもいるけれど、目をそむけたくなるほどひどくはない。

ワーグナーは、本人があまりにも平凡の域を超えていたので、彼が描いた人物たちも同様の傾向があります。つまり、あまりにも例外的すぎるのです。いくら愛を感じたからといって、普通の人が近親相姦に足を踏み込むでしょうか。まだ会ってもいない男のために命を捧げたいと思うでしょうか。ワーグナーのリアリティとは、あえて非現実的な世界へ突き進むことで得られる超越的リアリティとでも呼ばれるべき逆説的なものです。

他方、ヴェルディの登場人物は、私には漫画か劇画のように思えることが少なくありません。漫画か劇画のように、という意味は、キャラクターがはっきりしていて単純ということです。生身の人間は、しばしば矛盾する面を兼ね備えています。が、ヴェルディが描いた人間は、「椿姫」の主役などを除くと、あまりにも単純に見えるのです。実は、ヨーロッパのインテリ層は、必ずしもオペラを好みません。それはヴェルディ作品に見受けられるような人間の描き方が、芸術と呼ぶには素朴すぎるように感じられることが一因です。ヴェルディの音楽の特徴は、強度です。悲しみや絶望や喜びを、これでもかという強さで示します。いわば、鮮やかな原色です。しかし、原色だけで本当の人間を描けるかと言えば、違うでしょう。特に二〇世紀以降、芸術においては、曖昧さや多義性が重視されています。色で言えば、微妙な中間色や、多彩さが求められています。あくまで一般論ですが、すっぱりとわかってしまうものは、高級な芸術とは言えないのです。もっとも、一九世紀におけるオペラは、今日何となく信じられているような高尚な芸術などではなく、客の入りを気にする商売であり、娯楽という面が強かったのです。自分を満足させ、同時に客の喝采も得る、それをヴェルディが考えていたことは明らかです。

儚さ

さて、問題のプッチーニです。私はヴェルディよりプッチーニのほうをはるかに愛します。プッチーニにはより繊細さがあり、より知的だからです。加えて、さまざまなモダンな要素があります。感覚的に、ヴェルディよりもずっと現代に近いのです。

さらにヴェルディとプッチーニの違いを指摘するなら、ヴェルディのオペラには現実しか存在しません。今怒っている、今幸せだ、今絶望している、「今」の連続です。先ほど、漫画的、劇画的と書きましたが、この点では紙芝居的と言ってもよいでしょう。絵を一枚示している間は、そのシーンを熱演、そして、次の絵に取り換えると、あらあら、まったく別の状況が……そんな感じです。突然怒ったり、急に悲しんだり、気持ちが一瞬のうちで変わってしまうのです。もちろん、人生においてはそういうこともあるでしょうが、あまりそんなものばかり見せられていると、いかにも作り物のように思えてきます。

その点、プッチーニには、物語に連続性があるのです。ヴェルディになくてプッチーニにあるもの、それは時間性、時間感覚、時間への意識、そういった時間に関する何かです。あえて擬音語、擬態語にしてみると、ヴェルディは、ガツーン、ギュンギュン、ドンドンの連続です。それに対して、プッチーニはじわじわ、ぎゅー、ほわーなのです。さらに、プッチーニは、そのドラマが起きる場所について鋭敏な感覚を持っています。「トスカ」は絶対にローマでなければならない、「トゥーランドット」は誰も見たことがない昔の中国でなければならない、「マノン・レスコー」の最後のシーンは、絶対にアメリカの荒野でなければならない、「蝶々夫人」は日本だから起こりえる話、そんなぐあいです。

プッチーニは、世界中のあちこちを舞台に選びました。あるいはそうした内容の話を原作にしてオペラを作りました。その土地、空間とドラマの内容が一致するのを好んだのです。ヴェルディの場合、その話がどこであろうと、本質的には変わりません。「アイーダ」はエジプト風味ですが、それを取り除いても、どこにでもあり得る三角関係のドラマとして受け取ることができます。

さらに、プッチーニ作品には空想があり、夢があります。「マノン・レスコー」では、思いがけず知り合った若者たちが恋に落ちます。もちろん、甘美な音楽が流れます。それはまず第一に今の幸せな気持ちを歌っています。が、同時に、その音楽は甘すぎるほど甘いがゆえに、崩壊の気配を宿しています。これは幸せすぎる夢であり、この幸せがいつまでも続くはずがないという予感がします。ヴェルディの音楽は悲しくはあっても、儚くはありません。悲しいというのは今の状態ですが、儚いというのは未来を想像するから儚い。このような空想力がプッチーニ作品ではあちこちで作用しています。

そう、プッチーニのオペラは、悲しいのではなく、儚いのです。恋に悲しみはつきもの、人生に悲しみはつきもの、です。しかし、悲しみの質がヴェルディとプッチーニでは異なります。ヴェルディの作品では、登場人物がどれほど嘆き悲しもうと、それは彼らの感情でしかありません。「ああ、かわいそうに」とは思いますが、それだけのことです。むしろ、妻の浮気を疑って怒りだすオテロ、禁じられた愛にのめりこむドン・カルロの肩を叩いて、「そんなに興奮しないほうがいいよ」と言ってあげたくなる瞬間があります。プッチーニの場合、しょせん人生とは空しいものだ、世界とは無意味に動いているものだという諦観が生じています。それはもちろん、見ている人間にも当てはまりますから、肩を叩いて言ってあげたくなったりはしないのです。むしろ、肩を抱いてあげたくなるのです。

「トスカ」――欲望むきだしのドラマ

さて、代表作を紹介しましょう。

「トスカ」（一九〇〇年初演）は、プッチーニのオペラとしては、ヴェルディ寄りの人物造形が行われています（つまり、キャラクターがはっきりしているということ）。

時は一八〇〇年のローマ。ナポレオン率いるフランス軍がイタリアを征服するのではないかと、ローマの人々は怯えています。主要な登場人物は以下の三人。

画家のマリオ・カヴァラドッシは、いいところのお坊ちゃん。お坊ちゃんにありがちな進歩主義者で、古くて頑固なイタリアに嫌気が差しており、フランス革命の理想にかぶれて、もっと自由で平等な新しい時代を待ち望んでいます。信仰心はきわめて薄い。

マリオの恋人がフローリア・トスカです。もともとは貧しい羊飼いだったのですが、美声が認められ、有名歌手となりました。たいへん直情的な女性です。

そのころのローマで悪名をはせていたのが、警視総監スカルピア男爵です。彼の賄賂《わいろ》好き、女好きは世に知られており、警察の力を使って無実の人々を弾圧したため、恐れられてもいました。政治的には保守派で、ナポレオンの活躍をいまいましく思っています。この好色な権力者が、トスカをものにしてやろうと欲望を抱いたことが、この物語の発端です。

第一幕は、ローマのまんなかにある教会の中（実在しますが、有名な教会ではありません）。ここで大きな宗教画を制作しているマリオは、脱獄囚が隠れているのに気づきます。正体がわかってびっくり、この脱獄囚は、マリオの旧友アンジェロッティで、やはり身分が高い自由主義者なのですが、反政府的という咎《とが》で投獄されていたのです。マリオは、アンジェロッティを別荘に匿《かくま》ってやることにします。

そこへ、トスカがやってきます。トスカは善人で、マリオとは対照的に信心深い女性ですが、嫉妬深く、感情的すぎるのが欠点。この日も、もしや浮気でもしているのでは?と疑いながら、マリオがちゃんと仕事をしているか確かめに来たのです。

マリオは心配するなとトスカを追い返し、アンジェロッティを別荘へ連れていきます。古い井戸の中に隠れれば、警察にも見つからないでしょう。

再びトスカがやってきます。マリオがいないのを不審に思っていると、スカルピアが登場。マリオは浮気をしているのではないかとネチネチと絡み、トスカの猜疑心を刺激します。スカルピアは女性が悩み苦しむ姿を見て喜ぶ変態的なサディストだったのです。「そんなはずはない」と涙にくれながら去っていくトスカ。

やがて、フランス軍を打ち破ったというニュースが伝えられます。人々は大喜び、神への感謝を表現するため、「テ・デウム」が演奏されることになります。私たちは神であるあなたを讃えます、と歌う壮麗な宗教音楽です。

「トスカ」のもっとも独創的なシーンはここです。パイプオルガンが鳴り響き、人々は祈り始めます。本来は、神を褒《ほ》めたたえる敬虔な気持ちで歌われる音楽のはず。ところが、そのときスカルピアが歌うのは、まったく真逆の歌詞で、何が何でもトスカを抱いてやると激しい肉欲をあらわにするのです。神への清らかな讃歌と、おぞましい情欲という、これ以上は考えられないくらい激しいコントラストが作られています。

たとえば、「君が代」の旋律で下品な歌詞を歌ったらどうか。罰当たりな内容を念仏のように唱えたらどうか。そのような行為はひんしゅくを買い、悪趣味と見做《みな》されるに違いありません。しかし、あえてプッチーニはそんなシーンを作り出したのです。なぜか？スカルピアは、外面的には信心深い立派な人物です。でも、心の中はどす黒く汚れきっています。その恐ろしい落差が表現されているのです。これこそ、音楽なしの演劇では表現できない、また文字だけの小説でも表現できない、オペラならではの表現です。

第二幕は、ファルネーゼ宮殿というゴージャスな宮殿が舞台（現在はフランス大使館として使用されています）。ここにスカルピアの執務室があります。

これからひとり寂しく、取り寄せた夕食を食べようとしている彼のもとに、マリオが連行されてきます。スカルピアの手下は、家宅捜索しても脱獄囚が発見できなかったので、代わりにマリオを捕まえてきたのです。

理不尽な逮捕に怒るマリオ。そこにスカルピアに呼び出されたトスカがやって来ます。邪悪なスカルピアは、隣室でマリオを拷問し、脱獄囚の居場所を吐かせようと考えたのです。案の定、マリオが苦痛のあまり叫び声をあげると、トスカも苦悶の表情を浮かべます。スカルピアはそんな彼女を見て、ますます興奮を募らせます。

とうとうトスカは、恋人を救いたいがために、脱獄囚の居場所を教えてしまいます。ようやく解き放たれたマリオは、激しい拷問のせいで息も絶え絶え。

そこへ思いがけず、敗戦の知らせがもたらされます。なんと再びフランス軍が勢いを盛り返し、イタリア軍は敗走しているというのです。マリオは歓喜の声をあげ、スカルピアに向かって、おまえのような悪人はこれでもうおしまいだと叫びます。

激怒したスカルピアは再びマリオを投獄するよう命じます。このような我慢ならぬ男は殺してやる、日の出とともに絞首刑だというのです。

途方に暮れるトスカ。スカルピアは今こそチャンスとばかり、彼女ににじり寄ります。ちょっとだけのことですよ、あなたが私に身をゆだねたら、彼を釈放してあげますよ、それ以外に彼が助かる道はないですなあ……。思わぬ運命の暗転に呆然としたトスカは、「歌に生き愛に生き」という有名なアリアを歌います。「自分は何も悪いことはしていないのに、なぜこんなに苦しまねばならないのか」、確かにそう嘆くしかありません。劇的な音楽が続く中で、時間が止まってしまったかのような静かな歌です。

むろん、こんな美しい歌も、悪者を改心させる力などありはしません。ではせめて、外国に逃れるための書類を書いてくれとトスカは頼みます。イタリアは今のように大きな国として統一されてはいませんでしたから、ローマを脱出するのにも書類が必要なのです。

机に向かって書類を書き始めるスカルピア。そのときトスカは、テーブルの上できらりと光るナイフに目を留めます。そういえば、スカルピアは食事の最中だったのです。そっとそのナイフを握りしめた彼女は、欲望に身を焦がさんばかりにして襲いかかってくるスカルピアを刺します。こうなっては、さしもの悪漢もどうと倒れて死ぬしかありません。

この第二幕は、歌手たちの演技力があらわになる箇所です。本来は善人のトスカが、絶望と苦悩ゆえに、思いがけず人を殺してしまう経緯。シチリア出身ですがローマの警視総監までのぼりつめたスカルピアの権力と執念深さと変態的な欲望。見る者の手に汗握らせる名シーンです。

主人公はローマの街そのもの

最後の第三幕の舞台は、ローマの中心部、テヴェレ河畔にあるサンタンジェロ城です。お城と言っても、牢獄として使われてきた、なんとも威圧感がある建物です。アンジェロとはイタリア語で天使のこと。清らかな天使の像がたくさん設置されているのが皮肉です。

マリオは、独房の中で物思いにふけります。あと数時間もしないうちに、自分は処刑される。もうトスカに会うこともなかろう。でも、会いたい。その切なる望みが、アリア

「星はきらめき」で表現されます。囁くような、うめくような最弱音から、渾身の力を込めての絶叫まで、表現の振幅が激しい、テノールの表現力の極限が求められる名アリアです。

やがて空は白み、マリオは屋上へ連れていかれます。いよいよ最期の時。目の前には、ヴァチカンのサンピエトロ大寺院が見えます。愛や許しが説かれている教会を眺めながら、彼は処刑されるのです。なんという皮肉でしょう。

ところが思いもよらないことに、そこにトスカが駆けつけ、驚愕するマリオに、死刑は取りやめになったのよ、私たちは助かったのよと伝えます。思いがけない知らせに喜ぶマリオ。これから行われる処刑は、見せかけの銃殺だと聞いて安心し、早くふたりでこのローマを逃げ出そうと歌います。

本来、マリオは絞首刑に処せられるはずでした。しかし、スカルピアはトスカに、もし彼女が自分に身を任せるのなら、銃殺、ただし弾を込めていない空砲による見せかけだけの銃殺にしてやると約束したのでした。銃声がしたら、マリオは倒れて死んだふりをし、人々がその場を去ったらこっそり逃げればいいという算段です。

立たせられたマリオの前に、銃を構えた兵士たちが立ち並び、合図一閃、何発もの銃声がこだまします。ばたりと倒れて動かないマリオ。

ところが、人々が去ってもマリオはぴくりとも動きません。やはりスカルピアは正真正銘の悪党だったのです。トスカに約束した見せかけだけの銃殺というのは嘘でした。マリオの体からは鮮血が噴き出しています。トスカは予想外のできごとに半狂乱。

スカルピアが殺されたことに気づいた人々が、トスカを追って、屋上へやってきます。もはやこれまでと、トスカは壁を乗り越えて、ぴゅんと空に身を躍らせます。

ああ、こうして三人の登場人物は、みながみな、悲惨な最期を遂げてしまうのです。

このオペラの真の主人公はローマです。地図で見るとよくわかるのですが、このオペラの舞台として指定されている教会、ファルネーゼ宮殿、サンタンジェロ城は、歩いて回れるローマ中心部にあります。教会は神の家であり、宗教的な場所。豪華な宮殿は栄華のきわみ。牢獄や処刑場として使われる城は、恐ろしい暴力や権力の象徴。こんなふうに聖俗さまざまな力を表す場所が選ばれています。実に巧みな設定です。劇場の中ではなく、実際にローマでロケをした映像作品がありますが、その臨場感はすばらしく、なるほどこういうことなのかと膝を打ちたくなります。

さて、主要登場人物はみな悲惨な最期を遂げます。誰も幸せになりません。「トスカ」を見るたびに、なぜこんな悲惨な話が娯楽になるのか、いささか不思議の念を抑えられません。これからレイプされる女が切々と歌う、その姿に私たちは拍手したり、ブラヴォーと叫んだりするのです。まことにおかしなことではありませんか。

私たちはひとことで悲劇と言ってしまいますが、実は悲劇には二種類あると思います。ひとつは、見たら気が滅入るような、苦い後味を残すもの。もうひとつは、確かに悲しいとしか言えない事件が起きるにもかかわらず、それがあとをひくことはなく、一瞬の興奮ののちに平和な日常世界に戻れるもの。「トスカ」は明らかに後者です。一九世紀に作られた悲劇的なオペラのほとんども同様です。悲惨な話でいかに観客をどきどきさせるか、しかも嫌な後味を残さずに。これが一九世紀のオペラ、あるいはオペラに限らず文芸なども含めて、作り手の腕の見せどころだったのです。言い換えれば、悲惨の商品化です。悲惨は見世物、スペクタクルなのです。

「トスカ」は、世界でもっとも多く上演されるオペラ作品のひとつです。調べてみたら、二〇一七年秋から二〇一八年夏にかけて、世界各地で三〇〇公演以上がありました。それだけ、悲惨や不幸が人々を魅了しているという証拠です。

「ボエーム」――パリの青春神話

「トスカ」に負けないくらい頻繁に上演されるのが、「ボエーム」(一八九六年初演)です。

確かに「トスカ」は実に効果的に書かれた舞台作品です。でも、これでもかという盛り上げ方、煽情的なシーンが連発され、あざとい感じがしなくもありません。実際、「トスカ」のそうした点を批判する意見は、初演から今日まで絶えません。拷問だの悲鳴だの処刑だの、ショッキングなシーンの連続に眉を顰める人は少なくないのです。

そんな「トスカ」に比べれば「ボエーム」は、しみじみ美しい作品です。ボエームとは、フランス語でボヘミアンのこと（オペラ全体はイタリア語で歌われますが、タイトルはフランス語。物語の原作者はフランス人でした）。舞台はパリです。そこには昔も今も芸術を志す若者が集まってきます。このオペラの登場人物も、そんな人たちです。「トスカ」の本当の主人公が長い歴史ゆえに暗い一面を持つローマだとしたら、「ボエーム」の真の主人公は、若者たちの夢と希望と挫折が繰り返されるパリなのです。

冬のパリ。もうクリスマスだというのに、芸術家の卵たちには金もなければ、恋人もいません。でも、奇跡とは思いがけず起こるもの。ふとしたことで、貧しい詩人ロドルフォとお針子のミミは出会い、恋に落ちます（お針子とは、服を作ったり直したりの仕事をしている人たちで、当時の貧しい職業の典型です）。その出会いのシーンに、プッチーニがつけた音楽は、とびきり甘美であると同時に神秘的であり、厳かでもあります。まったく驚くべき音楽です。貧しく、未来へのはっきりした展望もない若者たちの、だからこそいっそう輝かしい、愛し愛される幸せ。二重唱のクライマックスは、この瞬間の幸福に命を賭けてもよいくらいに真摯《しんし》で、世界のすべてを敵に回しても構わないと思われるほどに誇らしい。これほどに甘美でありながら切実な愛の二重唱は、そうあるものではありません。だが、皮肉なことに、だからこそここからのち彼らの愛が徐々に壊れていくのがあまりにも切ないのです。

若者たちの恋やすれちがい。ちょっとした冒険やおふざけ。傷つきやすいプライド。「ボエーム」のストーリーは、わざわざ要約して紹介するには及びません。名もなき若者たちの青春の幸せと悲しみ、そう言えば、このオペラの概要は尽きてしまうでしょう。しかし、とにかくきれいなのです。「ボエーム」は、音楽で書かれたみずみずしい抒情詩と言ってもよいでしょう。

最後、貧しさゆえに肺を患ったミミは、みなの看病のかいもなく、死んでいきます。最後に鳴り響く痛切な音楽は、それまでがやさしくやわらかな音楽が大半だったこともあって、胸をえぐるように悲痛です。先ほど述べた「トスカ」では三人が次々に死んでいきます。それも、殺人、処刑、自殺という無残な死に方です。しかし、それよりもはるかに、「ボエーム」で、とりたててどうこうというほどもない平凡な若い娘がベッドの中で眠るように死んでいくシーンのほうが重たく、悲痛なのです。「トスカ」とは違って、「ボエーム」が終わったあとには、少しの間余韻に浸っていたい気分にさせられます。

そして、ミミの死をもって、登場人物たちの青春は葬られてしまったのではないかという感じがします。「ボエーム」の話の続きを想像することは不可能です。芸術家の卵たちは詩人や画家として大成できたのだろうか、そんなことはまったく想像ができないのです。この物語は、青春の神話として完結しています。ミミの死とともに、すべての人物がすうっと姿を消してしまうような錯覚がするのです。

プッチーニが、美しい旋律や歌を作るだけでなく、オーケストラの扱いにも長けていたことがよくわかるのもこの作品です。第二幕のパリの喧騒、第三幕のこごえるような冬の情景、絵画のような遠近感や色彩すら感じられる音楽です。

「蝶々夫人」——一五歳の夢

「蝶々夫人」（一九〇四年初演）の名前は、たとえプッチーニを知らない人でも耳にしたことがあるでしょう。

時代は、明治時代の長崎。蝶々さんは、一五歳の芸者です。もともとは侍の家の出身ですが、時代が変わって落ちぶれてしまったのです。でも、その傾いた家こそが、蝶々さんの心のよりどころ。たとえ芸者となっても、心は武家の娘のままです。言い換えれば、彼女は新しい時代に適合できず、昔にしがみつきすぎているということでもあります。

そんな彼女は、狡賢い周旋屋によって寄港中のアメリカの海軍士官ピンカートンと結婚することになります。彼のことを異国の侍であると思ったのかもしれません。いずれにしても、蝶々さんはこの結婚を機に立派な奥様になるつもりでいます。でも、ピンカートンにとって、この結婚は愛人契約のようなもの。どうせまた船に乗り込んで立ち去ってしまうまでの、つかの間のお遊びです。

ピンカートンが去ってから、蝶々さんは男の子を産みます。でも、ピンカートンはいつまで待っても帰ってきません。実は彼はアメリカに戻って、かねてから心を寄せていた女性と結婚していたのです。そんなこととはつゆ知らず、貧しい生活を続ける蝶々さん。

しかし、とうとうピンカートンは再び日本に戻ってきます。真相を知った蝶々さんは、恥をさらすよりは死を選ぶと言って、みずから命を絶ちます。

今はどうだか、かつては、外国で上演される「蝶々夫人」の舞台装置が日本的ではないとか、歌手の歩き方や着物の着方がおかしいとか、些末《さまつ》なことを気にする人がたくさんいました。しかし、プッチーニや台本作家は、日本の文化や習俗のディテールを正確に表現するのを目的として「蝶々夫人」を作ったのではありません。ふたつの文化のはざまで、どちらからも拒まれ、悲惨な死を遂げる女主人公を描きたかったのです。そして、名誉を重んじる古い価値観が崩壊し、合理性やお金だけが求められる新時代に対する違和感を表現したかったのです。ですから、舞台は日本でなくても、その本質が表現できれば、一向構わないはずです。実際、私がベルリンで見た上演では、舞台は東南アジアに変えられており、蝶々さんは、売春婦とされていましたが、それはそれで迫真性のあるものでした。

この悲劇は、もとはといえば、あまりにも軽薄なアメリカ海軍士官ピンカートンが引き起こしたことです。彼が、「せっかく日本に来たのだから、日本の美女を抱きたい」という欲望を持っていなかったら、この悲劇は起きませんでした。いや、あまりにも純粋な蝶々さんと出会わず、熟練のプロの女性を相手にしていれば何も起きなかったはずです。その点で、「蝶々夫人」は、「トスカ」「ボエーム」以上に運命の残酷さを感じさせます。

鷹揚《おうよう》だと私が思うのは、このオペラがアメリカでも上演され続けていることです。楽天的で、冒険的で、まさにアメリカのイメージを人物化したかのようなピンカートンが、外国の純情な娘を破滅させる、そんな物語をアメリカ人が鑑賞するのです。見ていて、あまり気持ちがよいものではないのではないか。それとも割り切れるものなのか。もし、日本の男性が、どこかの女性を破滅させるようなオペラがあったとして、それが日本でも喜んで上演され鑑賞されるかどうか（もっとも、森鷗外《もりおうがい》の『舞姫』という、日本男性がドイツ女性を振って国に帰ってしまうという小説が、長年国語の教科書に掲載されてきたという事実はあります）。

しかし、です。私は若い学生に「蝶々夫人」を説明するとき、いくぶんかの無力感を抱かずにはいられません。いったい、蝶々さんのような貞節あるいは女性としての生き方が今日あり得るのか、賞賛や同情に値するものなのかどうか、疑問に思います。モラルや価値観は時代によって移りゆきます。古いモラルに殉《じゅん》じる蝶々さんの死は、悲痛ではあるけれど、愚かしいのではないか。もっとも、その愚かしさが人を感動させるのかもしれませんが。もしかしたら、本当に人を感動させるのは、利口さではなく愚かさであり、器用さではなく不器用さではないか。そんなふうに敷衍《ふえん》してもよいでしょう。オペラの中には、不器用なゆえに主人公となった人々がたくさん登場します。

オペラに限ったことではありませんが、「永遠の芸術」「永遠の美」などというものも私は信じません。美意識や価値観は時代や社会や地域によってさまざまです。今日、バッハが大作曲家であることに異を唱える人はまずいませんが、生前には、人工的で古臭い音楽を書く作曲家だと見なされていました。そういう見方をしていた人々は、すべて馬鹿で鈍感だったのか。そんなことはありません。かつてはいかにも新鮮で美しく感じられたスポーツカーや衣服のデザインが、いつのまにか古臭くちゃちに見えるとしたら、それはそれでいいのではないか。

そんなに遠くない日に「蝶々夫人」は骨董品のようになってしまう気がします。いや、あるいはすでにもう初演のときから、古めかしさを感じさせたのかもしれません。「蝶々夫人」もまた「椿姫」や「カルメン」と同じく、初演で失敗したオペラでした。


「トゥーランドット」


プッチーニの最後のオペラ「トゥーランドット」(一九二六年初演)は、最後の部分が完成されず、ほかの作曲家の補筆により、ようやく全曲上演が可能になった作品です。

舞台はいにしえの北京。美女トゥーランドット姫のもとには、次々に求婚者がやってきますが、彼女はまったく相手にしません。私と結婚したければ、この謎を解いてみよと難しいクイズを出し、答えられないと処刑してしまうのです。

韃靼国《だったんこく》の王子カラフも、姫を見て一目惚れし、銅鑼《どら》を鳴らして求婚の名乗りを上げます。そして、姫が示した三つの謎をすべて解いてしまいます。

思いがけないなりゆきに衝撃を受けるトゥーランドット。カラフは、「では、あなたが私の名を当てることができたら、自分は死のう」と言います。有名なアリア「誰も寝てはならぬ」はこういう状況下で歌われます。夜が明けるまでに、カラフの名前を探り当てないといけない、だから寝てはいけないのです。

役人たちは、カラフの奴隷リュウを捕えて拷問します。しかし、ひそかにカラフを愛していたリュウは、絶対に白状してはならないと、みずから命を絶ちます。この行為によってトゥーランドットは、愛とは何かを知り、カラフの求愛を受け入れるのです。

エキゾチックで、群衆シーンが多く、甘美なアリアもあります。プッチーニのオペラとしてはもっとも大規模なスペクタクルであることは間違いありません。にもかかわらずこの作品には見過ごせない欠点があります。氷のように冷たい心を持ち、出題した謎を解けなかった求婚者たちを次々に殺させたトゥーランドット姫は、どうして急に愛に目覚め、見ず知らずの若者だったカラフを愛するようになったのか。この決定的な変化を、プッチーニは描けていないのです。ここがドラマの一番頂点となる箇所なのに書き終わらないで死んでしまったのです。ストーリーに無理がありすぎ、プッチーニ自身が完全に納得した音楽を書けなかったからにほかなりません。実際、彼はずいぶん難儀したようです。

ひそかにカラフを愛しているものの、身分が違いすぎるゆえに、その愛が成就する希望をまったく持てず、あげく命を捧げて死んでしまう、しかしょせんは副次的な登場人物のリュウ。彼女に一番切迫感がある音楽が与えられているのは、構想上のミスです。また、トゥーランドット役はソプラノですが、きわめて強い声が必要です。ド迫力のソプラノが大声で威圧的に歌っても、あまり魅力的な女性には感じられないでしょうに。

おそらく「トゥーランドット」は、リアリティを問題とせず、一種のおとぎ話、つまり、「昔これこれという話がありました」というものだと受け取るのがよいのでしょう。

「マノン・レスコー」

プッチーニの初めての成功作は「マノン・レスコー」（一八九三年初演）です。アベ・プレヴォー原作の恋愛小説は、オペラ、芝居、バレエ、映画の題材として好まれていますが、その中でもっとも成功したのがプッチーニのオペラではないでしょうか。「トスカ」「ボエーム」「蝶々夫人」に比べれば、「マノン・レスコー」の上演頻度は比べものにならないくらい少なく、数分の一以下でしょう。でも、この作品にはのちの名作の萌芽、プッチーニの個性が鮮やかに示されているのです。つまり、若い恋人たちの愛が、理不尽な運命によって破壊され、それが死に至ってしまうというプッチーニ好みの大きな枠組みは、すでにここで確立されているのです。出会いが奇跡であること。出会って恋に落ちるのも奇跡であること。この奇跡的な運命は、幸福の極致でありながら、不幸の極致を招き寄せてしまうということ。結局、プッチーニが何度も何度も表現したのはそれでした。そして、おそらく彼の心の問題が深く関わっているはずです。プッチーニが「トゥーランドット」において最後の場面を完成できなかった、つまり愛の成功を描き切ることができなかったのは、その彼の本質とは反対のことをやろうとしたからでしょう。

夢のように甘い音楽、それと対照的に、抗う余地のない残酷で悲劇的な音楽。まだあれこれ技巧を楽しむほどの余裕がない若い作曲家だからこそ書けた、一直線に生々しいオペラだと思います。

17 リヒャルト・シュトラウス〜巨大なワーグナーの後で

ワーグナーの衝撃

あまりにも偉大なワーグナーは、オペラに限らず、文学や美術などさまざまな芸術分野に影響を与えました。特に若い作曲家たちにとっては、ワーグナーは偶像でした。もはや、それまでのように劇場で人気を得るのが目的の、いわば消費される贅沢品としてのオペラを作り続けていくことがはばかられるようになりました。世界全体を描くとまでは言わないにしても、何か新しい試み、思想性やメッセージ性や表現性がなければならない、という考えが若い作曲家たちに浸透しました。作曲家は客を喜ばせるものを作り出すだけではいけないという思潮は、一九世紀になってはっきりしてきていましたが、そうは言っても、劇場とは要するにショービジネスであるという一面を否定することはできません。それだけに、ワーグナーが自らの作品のみを上演するために劇場を建て、音楽祭を始めたことは衝撃的だったのです。

そうして、ワーグナーの影響をもろに受けたオペラ作品、作曲家が多く生まれました。しかしながら、そのほとんどは今日忘れ去られています。影響を受けたりしたくらいでは、本家本元の足元にも及ばないのです。やはりワーグナー作品は、よくも悪くも彼の性格や人間性、独自の思考や波瀾万丈の人生等々のすべてから生まれたもので、他人がまねをしたところで、浅薄なものしかできません。

ワーグナーのとりまきあるいは亜流の中でほとんど唯一生き残ったのが、エンゲルベルト・フンパーディンク（一八五四―一九二一）作曲の「ヘンゼルとグレーテル」（一八九三年初演）です。その名の通り、子供向けの内容ですが、ワーグナー流のオーケストラの使い方など、なかなか立派なもので、大人の鑑賞にも堪える作品とされています。ドイツでは毎年一二月に各地のオペラハウスで上演され、親に連れられて子供たちも大勢やってきます。

交響詩作曲家としての出発

ワーグナー後のドイツ・オペラの第一人者として名を挙げられるべきは、やはりリヒャルト・シュトラウス（一八六四—一九四九）をおいて他にいません。

シュトラウスの父親は、ミュンヘンの宮廷歌劇場に所属する有名なホルン奏者でした。同地でのワーグナー作品の上演にも参加していますが、おもしろいことに彼はワーグナー作品を嫌っており、モーツァルトのようなもっと昔の音楽を好んでいました。ワーグナーもそれを知っていて、いまいましく思っていましたが、何しろ上手な奏者なので、認めるしかありませんでした。ワーグナー作品ではホルンが大活躍しますから、ぜひとも名手に演奏してもらわねばならなかったのです。

他方、シュトラウスの母親はビールの町ミュンヘンでも指折りの大生産者の家の出身。シュトラウスは、さまざまな困難を経験した人が少なくない大作曲家の中にあっては、特に家庭環境、社会環境に恵まれていたと言ってよいでしょう。彼の作品にはどこかしら贅沢な雰囲気が漂っているのもそれと無関係ではありません。贅沢と言っても、宮廷風の優雅や洗練や怠惰というよりは、裕福な市民の健康的で現実的なそれです。つまり、精力的で、肯定的で、日々作曲という仕事を怠らず……その結果、お金や名誉がついてくるといった感じです。実際、シュトラウスは毎日何時間と決めて机に向かっていました。それは創造というよりは労働のようにも見えます。

一流の音楽家を父に持ったシュトラウスは、まずは指揮者として頭角を現し、じきにオーケストラから色彩的で豊饒な響きを引き出す交響詩の作曲家として評価を得ました。交響詩というのは、要するにオーケストラのさまざまな楽器を駆使して描き出すドラマです。たとえば、シュトラウスの代表作として今でも人気があるのが「ドン・ファン」(一八八八年)や「ティル・オイレンシュピーゲルの愉快ないたずら」(一八九五年)や「ツァラトゥストラはかく語りき」(一八九六年)。これらは、次から次へと女を漁り歩く男のロマンティックな冒険と破滅、ドイツ中世の伝説的な人物の反骨的な活躍、従来のモラルとは別の真理を述べるニーチェの哲学書から得たイメージ、つまりいずれにしてもこの世のモラルやルールや常識に真っ向から立ち向かう主人公を表現しています。三〇歳前後、一番元気があったころのシュトラウスはこういう素材を好みました。彼の音楽は、音楽それ自体が形式的に完結するよりも、ストーリーとか文学性とかと親和性が高かったわけです。

「サロメ」——美少女の欲望

野心あふれるシュトラウスは、もちろんオペラでの成功も願っていましたが、さすがに簡単にはいきません、ようやく三作目にして成功作「サロメ」を生み出しました(一九〇五年)。「サロメ」は、単に美しいだけではなく、少なからぬ人々が眉を顰めるような、反社会的でスキャンダラスな一面を持っていました。しかし、悪評もまた評判には違いなく、シュトラウスは一挙にオペラ界の最前線に躍り出たのです。

その「サロメ」とはいかなるオペラか。まず、常識的なオペラは休憩を最低でも一度、あるいは二度はさむ多幕構成です。数十分の幕が三つ四つが普通で、全体の長さは二時間から三時間強。一晩をゆったりと過ごすために都合よくできています。

ところが、「サロメ」は一幕もので、休憩がありません。その代わり、長さは一〇〇分程度。ワーグナーの大作に比べれば半分以下です。劇場でいくつか作品を見てみれば実感できると思いますが、確かに短いのです。

しかし、短いからと言って客に不満を覚えさせてはなりません。約一〇〇分、緊張を強いる濃密な時間が過ぎていきます。また、「サロメ」の楽譜を手に取ってみれば、ずっしりと重く、分厚いことがよくわかります。つまり、書かれている音符の数は尋常でないのです。

このオペラの原作は、イギリスの有名な文学者、オスカー・ワイルド(一八五四―一九〇〇)の戯曲です。アイルランド出身のワイルドは、俗物を嫌い、あえて社交界を怒らせるようなことをしでかす「ダンディ」、つまり一種の変わり者でした。彼の文学は、極端に人工的であるかと思うと、恐ろしくナイーヴでもあり、複雑な人間性がしのばれます。男色が理由で投獄されもしました。

そんな作家の代表作のひとつが「サロメ」です。舞台は、キリストがこの世に現れるという時代のユダヤ王国。その宮廷で起きる凄惨な事件が描かれています。実はこの話は、聖書からヒントを得ており、それも信心深い人々の怒りを買った理由のひとつです。

かの地の王様はヘロデ王。その妻はヘロディアス。ただし、ヘロディアスは初婚ではなく、かつてはヘロデ王の異母兄の妻だったことがあり、そのときに生まれたサロメという娘がいます。

このころのユダヤ王国は、強大なローマ帝国の強い影響下にありました。生きるも死ぬも、ローマの意向次第、そういう危うい状況でした。

そんな現実から逃れたいという気持ちもあるのか、王たちは日々宴会に興じています。が、それに飽き飽きしたサロメは、そっと抜け出します。何よりもヘロデ王のまなざしがうっとうしいのです。実はヘロデ王は、美少女サロメが気になって仕方ありません。妻の連れ子とはいえ、自分の娘に欲望を覚えるのは、いくらなんでも破廉恥というもの。しかし、ついつい彼女に見とれてしまうのです。

すると、地下の古井戸から不気味な男の叫び声が聞こえます。投獄されているのはヨカナーン（と日本では記されるのが普通ですが、オペラの中ではドイツ語風にヨハナーンと発音されます）。民衆から聖なる人と称えられている人物です。ヨカナーンは贅沢を嫌ってあえて質素な身なりをし、あちこちを巡りながら、教えを広めているのでした。「やがて偉大な人物が現れる。神の審判が下る。正しい者は救われるが、そうでない者は地獄に落ちる。悔い改めよ」。そう、彼はキリストの前触れのような人物なのです。ヨカナーンが投獄されてしまったのは、彼がなかんずく王家に対して批判的だからです。特にヘロディアスの淫蕩ぶりを激しく糾弾しています。ヘロデ王は彼を捕えてはみたものの、どんな罰を与えたらいいのか、決めかねています。もしかしたら、人々が言うように、彼は聖者かもしれない、そんな気もするのです。

サロメはヨカナーンの声を聞いて、興味をそそられます。そして、その目で彼を見るや、不思議なそして強烈な魅力を感じます。ヨカナーンは、ふだん彼女が王宮で見ているような、しゃれた、清潔な男たちとは全然違います。ひげはぼうぼうに伸び、頭はぼさぼさ、ぼろきれのような服。だが、その声は力強く、何事かを語り続けます。サロメがこれまで知らなかったようなタイプの男なのです。なにやらおぞましくグロテスクでもあります。が、美しいようにも思えます。そのあたりの微妙な印象を、サロメはたくさんの言葉を費やして歌い表します。このオペラは、音符も歌詞も驚くほど多い。あれやこれやの形容を重ねていくうちに不思議な恍惚感がしてくるのがユニークです。三島由紀夫はワイルドを愛読していましたが、三島の小説に見られる、これでもかという形容の連発は確かに「サロメ」にそっくりです。

けれど、ヨカナーンはサロメをきっぱりと拒絶します。この美少女は、自分を好きになってしまったらしい。しかし、それは愛と呼ぶような清い感情ではない。むしろ、不気味で、おぞましい。こんな少女を相手にしてもろくなことになるまい。そう考えたヨカナーンが、おまえのような女は悔い改めて救いを求めるがよいと言っても、サロメにはまったく通じません。彼女は、彼の声を美しいとは感じます。でも、言っている内容にはまるで無頓着なのです。呆れ果てたヨカナーンは、「おまえは呪われている！」と叫び、自ら再び井戸に下っていきます。それは、王女として甘やかされた、また美少女としてちやほやされたサロメが経験した初めての拒絶です。その衝撃に、それまで饒舌だったサロメは打ちひしがれ、だまりこんでしまいます。

そこにやってきたヘロデ王は、サロメが落ち込んでいることに気づきます。あれやこれやご機嫌を取ろうとしても相手にされません。だが、「わしのために踊ってくれ。ほうびは好きなものを何でもやる」と言うと、サロメの目がきらりと光ります。「本当ですね？」「本当だ」。そして、サロメは王のために舞うことにするのです。

この踊りの部分は「七枚のヴェールの踊り」と呼ばれます。ユダヤ地方はアラブに接していますというより、文化も人種も入り混じっていますから、アラブ風にも聞こえる大いにエキゾチックな音楽が奏されます。

「サロメ」最大のクライマックスはまずここです。考えてみれば奇妙な話ではありませんか。歌が大事なオペラのクライマックスが、言葉をいっさい発しない踊りというのですから。この踊りは、ぜひナマで経験することを強くお勧めします。音だけ聴いても、あるいは映像で見ても、このシーン独特の緊張感はわかりません。

これは、早い話が、サロメが王様の前でヴェールを一枚一枚脱ぎながら踊るストリップです。いろいろなやり方があります。本当に脱いでしまう場合もあれば、社交ダンスのようにお行儀がよい場合もあります。昔の歌手は体格がよい人が多かったので、この場面だけはすばやく可憐なダンサーと交代するということもありました。でも、基本的に歌手は目立ちたがり屋で、自分を人前でひけらかすのが大好きな人たちですから、今では歌手自身が踊るのが普通です。踊りとひとことで言いますが、人前で見事に踊るだけの才能や能力は、誰もが持っているわけではありませんから、必ずしも満足できる水準には到達しないのですが……。

サロメの色っぽい踊りを見て、ヘロデ王は大喜び。さっそくほうびを与えようとすると、なんとサロメはヨカナーンの生首を所望します。今ここで彼の首をはねてほしいと言うのです。うら若い乙女が口にした突拍子もない望みに、ヘロデ王は肝をつぶします。さては母親が入れ知恵したかとも疑います。でもそうではありません。サロメは、自分を拒んだ男を、どうしてもわがものとしたいのです。

この王国の半分をおまえにやると言われても首を縦に振らないサロメ。約束は約束です。ついにヨカナーンの首をはねるために、処刑人が井戸へと降りていきます。この部分の音楽は非常に不気味です。まるでホラー映画、サスペンス映画のようにどきどきさせられます。音がするのかしないのか、耳をすませていると、ズンと低弦楽器が鳴ります。これが首が落ちた音です。そして、今か今かとじれったく待っているサロメの前に生首がもたらされます。ぎらぎら光る銀のお盆の上に載せられて。オーケストラが咆哮します。あらゆるオペラの中でも、身震いさせられるほどの強烈さということでは、一、二を争うシーンではないかと思います。

歓喜に酔いしれ、生首にキスをし続けるサロメ。陶酔的な、あふれるように豊かな響きのオーケストラを、強靱なソプラノの声が乗り越え、ついに思う存分男にキスができる喜びを歌います。サロメは、あらゆるオペラの中でも一番むずかしい役のひとつです。乙女らしくあらねばならない。踊りも踊らなくてはいけない。だけれども、巨大なオーケストラに負けない強い声も出さなくてはならない。要求されていることが矛盾します。たおやかで若々しい乙女の身体は、細い声のソプラノには向いていても、強靱な声を出すには向いていないのです。

が、喜びに打ち震えるサロメとは裏腹に、周囲の人々はあまりに気味の悪い情景を目撃して言葉をなくしています。どろどろと血が流れる生首を抱いてうっとりしている美少女……。そしてついにヘロデ王は叫ぶのです、「あの女は怪物だ。殺してしまえ！」と。兵士たちがたちまちサロメに襲いかかり、彼女を殺してしまいます。

ついついあらすじを長々と説明してしまいましたが、これは私がもっとも好むオペラのひとつです。このオペラを見に行くときには、とにかく最前列にすわりたい。そこで法外に大編成のオーケストラが出す音をすべて耳に入れたい。強烈なソプラノの声を浴び、官能美に酔いしれたい。変幻自在の楽器の音色や歌詞を全部楽しみたい。ついつい欲張りな気持ちにさせられるのです。

「サロメ」はいわゆる世紀末芸術のひとつです。作られたのは二〇世紀に入ってからですが、一九世紀末に栄えた唯美的、耽美的な芸術、すなわち、美こそがもっとも大事なことであるという主義をこの上なく見事に音楽で表現した作品です。そして、一九世紀末とは、デパートや鉄道がどんどん作られ、産業革命も成功し、物や情報があふれる時代でありました。そんな時代を反映し、「サロメ」はまるで膨大な言葉や音符を詰め込んだカタログのようでもあります。

「サロメ」はセンセーショナルな成功を収めましたが、聖書を題材としつつ、エロティックな内容であるために、上演の許可を得るのは簡単ではありませんでした。表現の自由は、今から一〇〇年前には決して当たり前ではなかったことは知っていてもよいでしょう。

「エレクトラ」——父を愛し母を憎む

「サロメ」の次にシュトラウスが作ったオペラは、「エレクトラ」(一九〇九年初演)といいます。古代ギリシアの悲劇から想を得た内容です。

王女エレクトラは、愛人と謀って愛する父親を殺した母親が憎くてたまりません(一族あるいは家族の間での殺人は、古代や戦国時代の日本でもしばしば行われましたが、いにしえのギリシアやローマでも同様でした)。父親の復讐が悲願なのです。

しかし、そんなエレクトラは、浮いた存在です。普通の人間は、いつの間にか新しい環境を受け入れ、慣れてしまうもの。忘却、それがこのオペラのテーマと言ってもよいでしょう。人間が生きていくには、忘却もまた必要なのです。過去を忘れられないエレクトラは、ただひとりで孤立していきます。

結局、死んだと伝えられていたエレクトラの弟が帰ってきて母親とその愛人を手にかけ、復讐は成就します。エレクトラは歓喜のあまり踊りだしますが、まもなく、ばたりと倒れて死んでしまいます。

このオペラも、「サロメ」同様、一幕で一〇〇分ほどの作品です。主役に際立って強い声が必要なこと、踊りが大事であること、ショッキングな強い刺激があることなど、いくつもの共通点があります。しかし、「サロメ」とは異なり、官能性はほとんどありません。常識的なオペラのストーリーにおいては、愛がドラマを動かす原動力になっていることがほとんどですが、この作品の場合、愛は愛でも、父親に対する娘の愛です。精神分析学においては、エレクトラ・コンプレックスという概念があります。娘が父親に強い愛情を抱き、母親へは対抗心や憎しみを持つという現象です。その語源は、もちろん古代ギリシアのこの物語に由来するのです。

オペラの輸入に関しては非常に熱心だった日本でシュトラウス作品がぐっと身近になったのは二〇世紀の終わりが見えてきた頃でしょうか。シュトラウスが重要な作曲家だということは、本場のウィーンやドイツのオペラハウスの様子を見ればすぐにわかることですから、諸作品の日本での上演を目指す人たちもいたのですが、いろいろな面でむずかしかったのです。シュトラウスの作品は、オペラというジャンルが成熟を通り越し、爛熟《らんじゅく》に至った段階のものと言えるでしょう。もはや普通の歌、普通の音楽、普通のドラマでは飽き足らなくて、さまざまな方向で過剰の域に踏み込んでしまっています。作曲技法は洗練されていますが、歌手や演奏家には多大の負担がかかります。目的よりも手段が洗練されすぎてしまうことが爛熟の特徴ですが、シュトラウスのオペラはまさにそれです。

たとえば、「エレクトラ」の主役は、殺された父親の復讐をしたいという暴力的、残虐的、暗鬱な心を、強烈な響きを出す大オーケストラの咆哮に負けないだけの強靭な声で表さねばなりません。こんな声が出る歌手は非常に限られます。また、楽譜に指定された通りのオーケストラを編成するには、一〇〇人を軽く超える演奏家が必要です。笑ってしまうような話ですが、それだけの演奏家を集めると、限られたスペースしかないオーケストラ・ピットには入り切れないのです。作曲家はせっかくいっぱい音符を書いたのに、いくらか省略して演奏しなければいけないというわけです。もちろん、そんなことは承知のうえで書いたわけですが……。

巨大化した恐竜が、やがて自分の大きさゆえに滅ぶ。リヒャルト・シュトラウスのオペラはそんなイメージを喚起します。

「ばらの騎士」――甘美がきわまったオペラ

「サロメ」「エレクトラ」は世界中の劇場で上演されていますが、シュトラウスのオペラ中、もっとも愛されているのはそのあとで書かれた「ばらの騎士」(一九一一年初演)に違いありません。ストーリー的にも音楽的にも激辛といった感じの「サロメ」「エレクトラ」に比べると、はるかに柔らかで、耳に心地よい音楽です。そして、陶酔的で快楽的なワルツも多用されています。当時、前衛と見なされていたシュトラウスは、世を驚かせた「サロメ」「エレクトラ」のあと、いきなり一八世紀あるいは一九世紀に回帰したかのような甘美な「ばらの騎士」を書いて、またもや当時の人々をびっくりさせたのです。

「ばらの騎士」が初演されたのは一九一一年。この時点では、まだ誰にもわからなかったことですが、一九一四年には未曾有の大戦争、第一次世界大戦が起きます。近代的な兵器を投入して全ヨーロッパを巻き込んだこの戦争は、いわゆる「古き良きヨーロッパ」を破壊し尽くしたと言われています。たとえば、歴史あるハプスブルク家の巨大な帝国(オーストリア・ハンガリー二重帝国)は消滅し、オーストリアはちっぽけな普通の国になってしまいました。そんなヨーロッパの大変化の直前に、むやみと陶酔的で、時が過ぎ去ることの哀感を歌った「ばらの騎士」が書かれたのは、偶然ではないでしょう。

時は一八世紀、まだ一〇代の若い貴族オクタヴィアンは、年上の美女、元帥夫人に初めての恋愛を教わり、有頂天になっています。ちなみに、第一幕の前奏曲は、ベッドの中のふたりの行為を音で示したもので、どの楽器、どの音が何を表しているのか、わかる人にはわかるでしょう。あえて詳細な説明は省きます。シュトラウスは、「たとえペン一本でも音で表すことができる」と自慢したほど、描写力には自信があったようです。

まるで永遠に続く春のような甘い愛の時間。オクタヴィアンはまさに夢心地です。

ところが、彼は偶然出会った少女ゾフィーを一目見て恋に落ちます。ゾフィーも同様です。ドタバタの騒ぎを経て、オクタヴィアンとゾフィーはハッピーエンドに。若い男に去られた元帥夫人は、しかし生きるというのはそういうことだと諦念に沈みます。若者たちの怖いもの知らずの恋、成熟した美しい女性の達観。そのコントラストは眩しいほどです。

設定された時代もそうですが、モーツァルトの「フィガロの結婚」にも似たストーリーです。オクタヴィアンが男性ではなく、声の低い女性によって歌われるのも「フィガロ」のケルビーノという役を思い出させます。

このオペラは初演当初から大成功し、上演されているドレスデンに向けては、観劇のための鉄道まで運行されたほどです。オペラを見るために特別列車が仕立てられる……やはりそれは優雅な時代の終わりだったのでしょう。

シュトラウスのオペラはみなそうですが、この作品においてもオーケストラが重要です。いろいろな名指揮者が好んで指揮しましたが、とりわけ、伝説的な名指揮者カルロス・クライバーがもっとも得意とする作品のひとつでもありました。

中でも最後に続けて歌われる女声だけの三重唱、二重唱は、このうえなく甘美でありながら、同時に何か感動的な、歌や音楽だけが与えることができる感銘、無常感や浄化があります。哀しいことだからこそ最大限に豪華絢爛に仕立てる。そんな魔法が成功した稀有の瞬間です。よいことも悪いこともすべてが、豊穣な響きの中に溶解していくのです。

喜劇でありながらバカ騒ぎに終わらず、非現実的でも荒唐無稽でもなく、人生の不思議や本質を表現し、最後には幸福な気分のうちにお客を帰らせてくれる。さらに、いろいろな時代背景を反映していて、知的にも興味深い。そんなオペラはそうそうあるものではありません。この作品について書くとついつい長くなりますので、このあたりで我慢することにしましょう。

でも、最後にあともうひとつだけ。「ばらの騎士」がこのようなニュアンスに富んだ傑作になったのは、フーゴー・フォン・ホーフマンスタール（一八七四―一九二九）という当時のオーストリアの一級の文学者が台本を書いてくれたおかげです。ホーフマンスタールは、繊細な文学者でしたが、あるとき文学や言葉の限界を感じ、音楽との共同作業に興味を持つようになったのでした。シュトラウスとホーフマンスタールが頻繁にやり取りした手紙が残っていますが、あるときは喜び、あるときは喧嘩し、試行錯誤の末にいくつかの名作が生まれたのでした。

シュトラウスはこのあとも多くのオペラを書きました。しかし、人気の点でも質の点でも「ばらの騎士」以上のものは書けませんでした。「ナクソス島のアリアドネ」「影のない女」「アラベラ」などには、興味深い場面もなくはないし、知的なおもしろさもありますが、作曲家としての盛りは過ぎてしまったような感じが否めません。芸術における本当の名作は、音楽に限らず、自由自在な感じがするものですが、そのような感じはもはやなくなります。

いずれにしても、贅沢品としての、享楽的な嗜好品としてのオペラは、シュトラウス、あるいは「ばらの騎士」をもって終わったと言っても過言ではないでしょう。

18 ベルク～悲惨の大家

古き良きオペラの終焉

ウィーンというと、音楽の町、華麗な芸術の町といったイメージがあります。確かにそれは間違いではありません。ウィーンは、音楽に限らず美術や建築なども含めて、ヨーロッパ有数の芸術都市です。

しかしながら、この町が生み出した芸術には、しばしば暗さ、あるいは屈折と感じられる何かがあります。どこか不健康で病んでいるような趣が見受けられます。

たとえば、音楽の分野では、誰もが知っている有名なヨハン・シュトラウス一家のワルツやポルカは、一見華やかではありますが、実はさまざまな政治的、社会的な矛盾や困難を背景にした、憂さ晴らしのための音楽という面もありました。ウィーンを語るときにしばしば用いられるのが「夢と現実」というキーワードです。悲惨な現実から逃れるために、ますます美しい夢の世界が求められるという意味です。ウィーンの音楽が華麗なのは、それだけ悲惨な事件や歴史があったからだということになります。

芸術作品を作るとは、美しい夢の世界を作り上げることです。けれども、それだけでよいのでしょうか。いわば、麻酔薬のように痛みを緩和するのが芸術の存在理由なのでしょうか。それだけとは限りません。悲惨な現実をあえて直視することも芸術の任務ではないか。では、悲惨を直視してオペラにするとどうなるのか、それを教えてくれるのが、アルバン・ベルク（一八八五―一九三五）の作品です。「ヴォツェック」と「ルル」というふたつの傑作によって、彼の名前はオペラ史に残ります。

正直なところを言うと、この二作が傑作だということは、どんな音楽史、オペラ史の本にも書いてあります。しかし、ものすごく人気があるとは言えません。どちらの作品も、少なくともヨーロッパでは頻繁に上演されますけれど、いつも満員御礼とはゆきません。それどころか、唖然とするほど空席が目立つことも少なくないのです。にもかかわらず、上演は繰り返されます。人気作品ばかりではなく、たとえチケットが売れなくても、傑作は上演しなければならないと考える劇場関係者や専門家がたくさんいるからです。オペラはミュージカルや商業演劇ではないのだから、売れるものだけを上演していてはだめだ、こういう考えが、ヨーロッパのオペラハウスでは共有されています。それに、上演を続けていくうちに人気を得る作品もあるかもしれません。

ただ、専門家の誰もが大傑作だと太鼓判を押すオペラなのに人気を得られない、そんな専門家と一般的聴衆の乖離《かいり》は、ほかならぬベルクの作品から始まったようにも思えます。なぜ人気がないのか。理由は簡単です。わかりやすいメロディがない、アリアがない。お客が感情移入できる登場人物がいない。そして、結末はとにかく悲惨です。お客さんの心をわくわくさせたり高揚させたりしない。それどころか、寒々とした気持ちにさせる。後味が悪い。

しかし私は、このふたつほどおもしろいオペラもそうはないのではないかと思います。おもしろいと言うのは、内容からすると不謹慎かもしれません。引き込まれるような力を持つとでも言い換えましょうか。

「ヴォツェック」——不幸の連鎖

「ヴォツェック」（一九二二年）は、三幕で二時間に満たないオペラです（現在では、休憩なしで全体を通して上演されることが多いようです）。でも、見た後で感じる充実感は、その倍もあるオペラに決して負けません。主人公は、冴えない下っ端の兵士ヴォツェックです。軍隊は上下関係がきわめて厳しい場所ですから、下っ端の兵士の境遇は悲惨です。上官から雑用を強いられたり、意味もなくいじめられたり、辛い目にあいます。ヴォツェックには地位もお金も名誉も何もありません。文字通り虫けらのような存在なのです。

いや、ただひとつだけこの世で彼に与えられているものがあります。マリーです。ヴォツェックとマリーとの間には小さな息子がいますが、ふたりは結婚してはいません。金がないから結婚式も挙げられないのです。ヴォツェックは、マリーと息子のために軍隊の辛い仕事に耐え、さらには、いかがわしい医者のもとで人体実験のモルモットになるという気の毒なアルバイトまでしているのです。その医者は、医学の歴史に自分の名前を残したくて、毎日豆ばかり食べていたら、あるいは羊肉ばかり食べていたらどうなるか、そんな下らない実験をしているのです。そして、「人間は自由である。だから、尿意も自由にコントロールできるはずだ」と主張して、ヴォツェックを叱ります。おかしいですね。

ヴォツェックにとって、この世で唯一の救いであるマリー。でも、彼女はもともと男好きの女でした。贅沢だってしてみたい。彼女はふとしたはずみで、軍楽隊の鼓手長と浮気をしてしまいます。あまりにも貧しく、希望のない日々が続くので、もうどうなってもいいやというやけな気持ちもあって。

ふだんヴォツェックをいびっている上官と医者が、彼にマリーの浮気を教えます。親切心からではありません。じくじくと陰湿に、ほとんど意地悪な口ぶりで。

ふたりの言葉の意味を察したヴォツェックは、顔から血の気が引くようなショックを受けます。そして、絶望の果て、マリーを刺し殺し、自分も沼の深みにはまって死んでしまいます。

ただひとり残された小さな子供。彼には、何が起きたかが理解できません。このオペラの最後は、ふっと途切れるように終わります。たぶんこの子供はこれから先、悲惨な人生を生きていかねばならないでしょう。ヴォツェックのような悲劇を繰り返すことになるかもしれません。貧窮や不幸の連鎖が強く暗示されています。

このオペラの恐ろしいところは、ものすごい悪人や執念深い復讐の鬼のせいで悲惨な事件が起きるのではないことです。普通の人間こそが悪意に満ち、他人を傷つけ、罪深いということ。ありきたりの人間関係の中にこそあまねく悪や悲惨が含まれていること。「ヴォツェック」はこのおぞましい真実を私たちに突きつけます。

こんな内容の話に、モーツァルトのような軽快な音楽がふさわしいでしょうか。ソプラノやテノールが美しいアリアを歌う余地はあるでしょうか。そんなはずがありません。もしベルクがそういう音楽しか知らない、あるいは書けない作曲家だったら、「ヴォツェック」というオペラなど書けるわけがありませんでした。実は、ベルクは、こんな内容のオペラを作るための新しい武器を研ぎ澄ませていたのです。彼は、アルノルト・シェーンベルク（一八七四―一九五一）やアントン・ウェーベルン（一八八三―一九四五）という作曲家たちといっしょに、調性がない、つまりハ長調とかト短調とか、普通にドレミファ……がある音楽ではない作曲法を研究していました。「ヴォツェック」の音楽が不気味で、不安な感じが強いのは、そうした新しい技法のおかげです。

また、「ヴォツェック」は、最後が開かれた終わり方をします。普通にドレミファ……

がある調性音楽は、最後、ドミソの和音がばーんと鳴って終わります。けれど、「ヴォツェック」は、まるでハサミで紐を断ち切るかのように、ふいに途切れてしまうのです。「自由」「不滅」といった、通常は肯定的なニュアンスを持つ言葉が、きわめて皮肉に使われているのもおもしろい。このオペラの原作を書いたのは、ゲオルク・ビュヒナー（一八一三―三七）という作家でした。大学生くらいの年齢で死んでしまった、まさに夭逝《ようせい》の天才作家です。ベルクがビュヒナーの原作のオペラ化を考えたとき、友人たちは引き留めたと伝えられています。確かに、この内容は着飾った人々が訪れる豪華な劇場にそぐわないでしょう。もともとオペラとは、古代ギリシア文化から影響を受けて、神々や英雄を描くものでした。王侯貴族の宮殿で上演されたものでした。なのに、よりによって社会の底辺にいる人間が引き起こす暗い事件、そんなものをお上品な劇場でやろうだなんて。しかし、ベルクは友人たちの意見に耳を貸さず、傑作をものにしたのでした。この音楽がどれほど独特であったか。初演のためには途方もない数のリハーサルが行われました。

「ルル」

「ヴォツェック」のあと、ベルクが構想したオペラが、「ルル」です。原作者はフランク・ヴェーデキント（一八六四―一九一八）。奔放で反道徳的な作家で、それゆえ彼の戯曲はなかなか上演されませんでした。ビュヒナーといい、ヴェーデキントといい、ベルクの原作の選び方は、文学的なセンスを感じさせます。

今度の主人公はルルという名前のとびきりセクシーな女性。さまざまな男たちが彼女の魅力に囚われ、破滅していくというのがこのオペラの大筋です。しかしながら最後、ルルもまた、残忍な殺人者、切り裂きジャック（実在の人物。残虐な殺人事件を繰り返して一九世紀末のロンドンを騒がせた）によって刺殺されてしまうのです。

こういった内容ですから、音楽は「ヴォツェック」よりはるかに官能的です。ではありますが、これを一種のプリマドンナ・オペラのように見做すことはむずかしい。というのも、このオペラにおいては、女性は、男性の視線の中、価値体系の中においてのみ〈女性〉であり得るという、まさしくフェミニズムが問題にするような女性のあり方が示されているからです。言い換えれば、「ルルとはこういう女だ」ではなく、「ルルはこう見える」、「おれにとってはルルはこういう女だ」という、ひとりひとりの男から見たたくさんの主観によって世界ができあがっていることが示されるのです。ルルがどこかとらえどころがない人物に感じられるのは、彼女がふらふらしているというより、今述べたことが理由です。

ルルのせいで破滅していく男たち……こういう書き方は、実はすでに男性の側からのものなのです。ルルは男たちを滅ぼすことを人生の目的にしているわけではありません。男たちが勝手にルルに惚れ、結果的に死んでしまうのです。言い換えると、男には、自分が好きなように生きる権利があるということ。たとえ女のせいでひどい目にあうにしても、それは自分が選んだ道です。男たちとは対照的に、最後、ルルは娼婦に堕《お》ちたあげく、猟奇殺人者によって殺されてしまいますが、これは象徴的です。男には自殺する権利や自由があり、自ら死ねるのですが、ルルは男によって殺されるのです。

男たちは、いろいろな名前でルルを呼びます。自分勝手に呼び方を決めてしまうのです。主人公の名前が一定しないなんて、そんなオペラはまことに珍しい。ルルは自分で自分の名前を決める権利もないというわけです。

ルルは作品の中で一度だけ、シリアスな感情、すなわち「真実」を口にします。彼女は、孤児にも等しかった自分を育ててくれたシェーン博士を愛しているというのです。その個所で、ベルクはいかにもな甘美な音楽をつけたりはしませんでした。それが逆に言葉を浮き上がらせ、実に効果的です。そして、つまるところ、美しく歌うオペラとは嘘っぱちだ、そう言いたいのかなとも思わせます。

しかし、シェーン博士は、彼自身もまたルルにひかれていたにもかかわらず、彼女と結婚しようとはしませんでした。なぜなら、彼は枢密《すうみつ》顧問官《こもんかん》に選ばれるような立派な人物です。結婚相手はそれにふさわしい上流階級の令嬢でなくてはなりません。でも、ルルは何が何でもという意気込みでシェーンを誘惑し、ついには彼の結婚をぶち壊してしまうのです。

これくらい次々に、しかもあっけなく人が死んでいくオペラも珍しいでしょう。あまり次々に死んだり殺されたりしてしまうので、感傷が生まれる余地すらありません。ロマンティックなようでいてドライ、悲劇のようでいてコミカル、それもこのオペラの不思議さです。

ところで、このオペラは、実は未完成なのです。第二幕までが完成されたあとで、ベルクは「ヴァイオリン協奏曲」（一九三五年）を急遽作曲しはじめました。彼がかわいがっていた若い女性が二〇歳に満たずに急死したことに衝撃を受け、一種のレクイエムとして書くことにしたのです。楽譜には「ある天使の思い出に」という言葉が記されています。もし、こうしたできごとがなければ、「ルル」は最後まで書き終えられていたに違いありません。

「ルル」は未完成ゆえ、さまざまな上演方法があります。完成した第二幕までを上演したあと、ベルクが書いた結末部分だけを演奏したり、あるいは音楽が書かれなかった部分は台詞を読むことにしたり……。しかし、近年は、フリードリヒ・チェルハという作曲家が補筆完成させた第三幕を演奏することが圧倒的に多いように思われます。第二幕まででですと、中途半端な感じがしてしまいます。物語の前半では次々に男たちを破滅させたルルが、後半ではどんどん没落していき、ついには街に立って体を売るまで落ちぶれていく、その過程を最後まできちんと描かないと、ドラマとしていくらなんでも物足りないのです。

近年私がハンブルクで見た舞台（クリストフ・マルターラー演出）では、なんと最後に「ヴァイオリン協奏曲」がそっくりそのまま、約三〇分も演奏されました。その間、登場人物たちは舞台上で意味があるようなないような、黙劇のようなものをしていました。視覚面での妥当性はともかく、音楽の効果は絶大でした。オペラの長い長い余韻を味わっているような……。このような意外な上演方法に触れることができるのも、劇場通いの大きな楽しみです。

このオペラでは、さまざまな登場人物が出てきますが、その中に、ゲシュヴィッツ伯爵令嬢という人がいます。この人は、名前の通り、貴族の女性なのですが、ルルに激しく恋をしています。女が女に恋をする、つまりはレズビアンです。彼女は最後、ルルをかばうようにして殺されます。そして、「私のルル……」と最後の言葉を口にしながら、息絶えます。考えてみると、このオペラに登場する男たちは、みながみなルルを愛していると言いますが、献身的とか優しいという感じはまったくしません。一方的にルルに恋い焦がれ、燃え上がるばかりです。それは一種の支配欲の発露でもあり、男性中心主義という社会の枠組みに収まっています。だが、ゲシュヴィッツ嬢の愛は、それをはるかに超えています。ルルの身代わりになって監獄に入るなど、本当に純粋で、自己犠牲的なのです。でも、ルルのほうは彼女に関心がなさそうです。同性愛の片思い、それがこのオペラの中で唯一純粋で美しい愛であるとは、何たる皮肉でしょう。

電話が出てきたり、株式相場が暴落したり、途中で映画をはさんだり、「ルル」はいかにも新しい時代の作品という感じがします。話もテンポよく進んでいきます。二〇世紀になると、このように同時代のできごとや事件、技術の時代ならではのスピード感を積極的に取り入れたオペラが多く作られるようになります。

いずれにしても、ベルクのオペラは、大きな編成のオーケストラの表現力を惜しげなく用いつつ、芝居的、演劇的、文学的な要素もたっぷり持っています。人間が作り出した社会の悪や矛盾が鮮明に表現されています。

そして、社会の悪をえぐり出しながらも、決して説教くさくありません。作曲者が観客に教えてあげるという上から目線がありません。言い換えれば、観客は、答えを教えてもらえるわけではありません。自分で考えなければなりません。舞台で触れた作品についてあれこれ考える、友人と話し合う、それもまたオペラの大きな楽しみです。

★コラム：オペラとお金

モーツァルト「フィガロの結婚」、ベートーヴェン「フィデリオ」、ロッシーニ「セビリアの理髪師」、ヴェルディ「椿姫」、ベルク「ヴォツェック」、ツィンマーマン「軍人たち」……。

こういった名作に共通している重要な要素があります。お金です。

もしフィガロが十分にお金を持っていたら？　「フィデリオ」の刑務所長が拝金主義者でなかったら？　登場人物が貧しくなく、お金に執着もなければ、そもそもストーリーが成り立たないオペラは数多くあります。

「近代」にはいろいろな定義がありますが、ことにオペラにおいてわかりやすく近代を示すのは、ズバリ、お金の問題です。近代とはお金を何よりも大事にする時代なのです。

神話にはお金は出てきません。なぜって、神様は、お金など使いませんし、必要としていませんから。王様や貴族も、お金の問題と無縁なわけではありませんけれども、少なくともそれがオペラのストーリーにおいて表立ってくることはまずありません。封建時代においては、名誉や忠誠がお金に勝るというのが、少なくとも建前だったからです。

お金の問題が前景に出てくるのは、一般の人々が登場人物の場合です。一般の人々とは、平等な市民ということです。市民の生活や人生において、お金は無視できない重要な要素で、お金抜きの話を作ると、むしろリアルでなくなるかもしれません。これはオペラに限ったことではなく、小説にしても、演劇にしても同様です。リアルに描こうとするほど、お金の問題を避けられなくなります。何しろ、どんなに小さいものでも何かを手に入れるためにはお金が必要で、お金を使わない生活はあり得ないのですから。

近代以降、個々人が尊重され、自由に生きる可能性を与えられるようになりました。しかしそのための前提として、生活に苦しまなくてよいくらいの金を持っていなければいけないのです。そして、お金がないということは、決定的に不幸なことなのです。お金がなければ、自由を謳歌できません。もし、「椿姫」のヴィオレッタが、裕福な家庭に生まれていたら？　娼婦にならずにすみ、別の意味で社交界の華となって、よい結婚ができたでしょう。こんなことを言っても詮無《せんな》いことですが、金さえあれば、彼女は不幸にはならなかったのです。「椿姫」に限らず、近代のどんな悲劇も、思想上の事件も、つまるところ、金の問題なのか。そう考えると、白けたような気持ちになるのは、私だけではないでしょう。

唯一、瞬間的に燃え上がる恋だけが、お金とは無縁でいられるのかもしれません。激しい情熱に憑かれた恋人たちは、まるで神様のように、お金を無視して、感情だけに没頭できるのかもしれません。まるで貴族のように、互いの忠実のみを問題にできるのかもしれません。でも、その恋を続けるためには、つまり恋を日常の世界に繰り込んで〈生活〉にするためには、やはりお金の問題が出てくるでしょう。まさしく「椿姫」がそういう物語であったように。

あるいは、「フィデリオ」のフロレスタンのように、何よりも正義が大事だという人にとっては、お金はたいした意味がないのかもしれません。しかし、フロレスタンはあまりにも理想的に描かれていて、リアリティがありません。ついでに言うと、「フィデリオ」は、お金に興味を持つ人が、持たない人を弾圧する話でもあります。お金に興味を持つ人々に取り囲まれて、正義や理想に生きる人間は肩身が狭いのです。

ワーグナーの「ニーベルングの指環」には神様がたくさん登場しますが、どうにも人間臭く思えるのは、彼らが契約だの支払いだのに縛られているからです。そんな問題にとらわれているようでは、とても超越的な神様とは言えません。ワーグナーは北欧神話を利用して一九世紀の市民社会を描いたと考えざるを得ません。

そんなふうにお金を軸にして考えながらオペラを見るのもおもしろいものです。

19　ショスタコーヴィチ〜二〇世紀ソ連のオペラ

自由なき体制の下で

二〇世紀とひとことで言っても一〇〇年に及びます。そして、二〇世紀は技術にしろ政治にしろ、さまざまな革新や変化が起きた激動の時代でした。芸術も同様です。二〇世紀の芸術とは、音楽とは、オペラとは、あるいは美術とはどういうものか？　簡単に定義できないのが定義だと言ってよいくらいです。ルネサンス音楽、バロック音楽、ロマン主義音楽といった簡潔な用語でまとめることなどとうてい不可能です。広く長く共有される様式がない。これが二〇世紀芸術の特徴です。

ただし、かつてのソヴィエト連邦（一九二二―九一）、あるいはその影響を強く受けた社会主義諸国で作られた芸術については、比較的話は簡単です。こうした国々では、社会主義リアリズムという様式、考え方が強く推し進められていたからです。これに逆らうような芸術は、退廃的だのブルジョワ的だのという烙印を押され、上演や出版が禁止され、芸術家は弾圧されるというのがお決まりでした。

社会主義リアリズムは、芸術は労働者のためのものでなければならないと考えます。すなわち、一部の洗練された趣味の持ち主だけが理解できるものではいけない。また、資本主義的な贅沢を魅力的に描いてはいけない。

つまるところ、社会主義に役立つ芸術以外は許さないというわけです。また、エンディングが悲しげというのもよくない。見る者が、よりよき社会を建設するために元気を出せるような作品が求められるのです。とはいえ、チャイコフスキーのような大作曲家の作品は、今更完全に否定するわけにはいきませんから、屁理屈をつけて、認めることにしましたが……。

こうした考え方が強制されたため、ソヴィエトにおいては、個々の芸術家が自由に創造力を発揮するというわけにはいかなくなりました。当局の方針と異なる音楽をこっそり作曲することはできるかもしれません。が、演奏の機会はないだろうし、あえて演奏すれば、反社会主義分子と断罪されるはめになります。思想的に問題があると見なされると、たとえ一流の腕前を持つ演奏家でも、シベリアあたりの僻地《へきち》の学校教師に任命されたりしました。殺されなければまだよいほうかもしれず、特に独裁者ヨシフ・スターリン（一八七九—一九五三）の時代には、常軌を逸した弾圧や粛清が行われました。いったいソ連時代にどれほど多くの芸術家が活動の場を奪われ、命を落としたか。芸術にとっては大きな損失でした。

ドミトリ・ショスタコーヴィチ（一九〇六―七五）は、そんな状況を辛くも生き延びた作曲家です。とはいえ、ソヴィエトを代表する作曲家、と言ってよいのかどうか。体制に喜ばれる作品をたくさん書き、高い地位についた作曲家はほかにもいます。それに比べるとショスタコーヴィチの人生は波乱に満ちています。彼は、すでに一〇代のときから作曲とピアノ演奏で天才的な才能を発揮しましたが、才能があるがゆえに、苦しまねばなりませんでした。彼の作品は、しばしば政府に批判されました。見せしめの意味もあったでしょう。そのたびに、ショスタコーヴィチは、当局の気に入るような作品を作ってみせなければなりませんでした。すると、今度は称賛されます。賞賛と批判の両極端を行ったり来たり。政治体制と自由な創作の間のギリギリの線上で仕事をしたと言っていいわけですが、逆に、もしソ連という体制がなかったら、ショスタコーヴィチはどんな音楽を書いていたろうか、そんなことも考えさせられます。自由に創作できないがゆえに、工夫を凝らした、独特の屈折した音楽が書かれたとも思えるのです。

そのころのソヴィエトには、もっとあからさまに政府に迎合した作曲家たちもいました。そういう人たちは、公的な機関の重要なポストを与えられました。外国へ行く機会にも恵まれました。だが、ソヴィエト崩壊後すでに四半世紀が経った今、彼らの作品が西側で演奏される機会は、ごく限られています。それとは反対に、ショスタコーヴィチ作品の演奏頻度は、増えることこそあれ、減る気配がありません。

「ムツェンスク郡のマクベス夫人」――ポルノと批判されたオペラ

ショスタコーヴィチは、ピアノを弾くのも上手でしたから、ピアノ曲をはじめ、交響曲、室内楽曲（弦楽器など数人で演奏される曲種）のジャンルでもすぐれた業績を残しましたが、オペラにおいては、何よりも「ムツェンスク郡のマクベス夫人」（一九三四年初演）が高く評価されています。見ておもしろいというだけではなく、ソヴィエトという不自由な社会を生き抜いたショスタコーヴィチの人生を象徴的に示しているようにも見える作品です。ちなみに、ショスタコーヴィチの交響曲や室内楽曲は、現代のクラシックの世界ではごく当たり前のレパートリーとして定着していますが、実は彼の音楽の発想はきわめてオペラ的、演劇的です。ちょっとした旋律やリズムや気配には、具体的なイメージの裏づけがある。何かを暗示している。「ムツェンスク郡のマクベス夫人」のような作品を知ってこそ、彼が楽器のために書いた音楽もいっそう理解できるというものです。

ムツェンスク郡は、モスクワの南方およそ三〇〇キロメートルのところにあります。このオペラの原作は同名の小説で、ニコライ・レスコフ（一八三一―九五）という作家が書いたもの。反骨の人で、たびたび当局と衝突していました。

で、かの地のマクベス夫人とは？　本来、マクベス夫人とは、シェイクスピアの有名な悲劇『マクベス』に登場する、影の主人公とも言うべき人物です。いささか気が弱い夫の尻を叩き、暗殺や陰謀を企て、王位を奪おうとする、野心満々の女です。

しかしながら、このオペラの主人公、人妻のカテリーナは、そこまでスケールが大きな野心家、悪人ではありません。裕福で古風な家を支配しているのは、夫の父親。父権主義という言葉がありますが、いかにも専横的な暴君タイプの人物です。それに対して夫は気が弱く、父親の言うなりになっていて存在感が薄い。それをいいことにしてか、父親はカテリーナに対して情欲すら抱いているほどです。

カテリーナは、この横暴な舅《しゅうと》にうんざりし、情けない夫にも失望しています。友達もおらず、孤独です。彼女にとってこの家は牢獄のようなものです。

ところが、こんなカテリーナをこっそり狙っている男がいました。雇人のセルゲイです。彼に力ずくで犯されたことをきっかけにして、二人は男女の関係になってしまいます。セルゲイは、奔放で、野性的で、男らしい男です。カテリーナにとって、家や夫に縛られている自分とは対照的にみずからの欲望に正直に生きるセルゲイは、魅力的だったのです。

カテリーナはセルゲイとの愛に溺れたあげく、彼と共謀して舅と夫を殺し、結婚しようとします。だが、悪事はばれるもの。まさにカテリーナとセルゲイが結婚式を挙げているそのとき、殺人が発覚し、彼らはシベリア送りになってしまいます。

寒い荒野をとぼとぼと歩いて行く囚人たち。セルゲイはもはやカテリーナへの興味を失っています。「奥様」と呼ばれる女と関係を結んでいることは、かつての彼にとって自慢だったに違いありません。でも、この女のせいで流刑など食らってしまった今となっては、もはや憎悪の対象です。セルゲイは、別の囚人の女に色目を使い始めます。怒りと絶望にかられ、カテリーナはその女を道づれにして冷たい湖に身を投げます。


このオペラが初演されたのは一九三四年でした。第一次世界大戦後の「狂乱の一九二〇年代」を経験し、露骨で、あえて常識的な上品さを打ち壊したような芸術がヨーロッパ各地ですでにたくさん存在した時代です。フランスやドイツだったら、作曲家が生命の危険にさらされるなどということはまったくあり得なかったでしょう。有閑ブルジョワ夫人の浮気と犯罪、そう言ってしまえばそれだけの話です。事実、初演後たちまち人気を集め、ソヴィエトのみならずヨーロッパ各地やアメリカでも上演され、好評を得ていました。

しかし、モスクワでこのオペラを見たスターリンはじめ、ソ連の偉い人々の感想は違いました。欲望に溺れ、殺人まで犯すブルジョワ夫人が同情的に描かれている。それに対して、搾取されている労働者たちはことごとく、無知で、粗野で、げすに描かれている。そう考えたのです。また、セックスを表す音楽も、非常に直接的な描写性を持っています。あちこちにモダンで皮肉な風刺の笑いがあります。お役所仕事が馬鹿にされています。健全な労働者を育てるのに役に立つオペラとは思えません。

この作品、そしてショスタコーヴィチは、当局から激しく非難されました。そして、あっという間にこのオペラは劇場のプログラムから消えてしまいました。ですが、作曲者はこの作品に愛着があったのでしょう。三〇年もしてから、若々しく激しい表現をおとなしく書き改めた版を作り、「カテリーナ・イズマイロヴァ」と名付けて発表しました。以来、ソ連ではそれが上演されるようになったのでした。

このオペラは、フェミニズム的な観点から眺めるのが、もっとも妥当でしょう。舅という男が支配している家がある。金銭的には裕福でも、女はその中で窒息しそうになっている。それゆえ、自由を体現しているような男のもとに走り、それによって家、舅、夫という男中心の枠組みを破壊する。だが、やがて社会から罰せられる。

日本にも、人を縛る〈家〉という制度や伝統がありました。昔よりゆるやかになったとはいえ、いまだその心理は続いています。たとえば、夫婦別姓に反対する人が多いのはそのせいです。嫁だの実家だのという言葉は、家制度を背景にしていますが、その言葉の意味や背景が意識されずにいまだに使われ続けています。それゆえ、まだまだ不自由に甘んじている日本の女性の共感を呼ぶのは、このオペラなのかもしれないと思います。というより、このオペラでなければならない、と私は考えます。

しかし、どうして最後、カテリーナは、セルゲイではなく、女を道づれにして自殺したのでしょうか。どうせ死ぬなら好きなセルゲイ、今や他の女に目移りした憎い男を道づれにするほうがよいではありませんか。弱い立場の者が、同じように弱い立場の者に暴力を向けることはよくありますが、そういうことなのでしょうか。だとしたら、いっそう悲惨です。

いずれにせよ、いろいろな意味で救いがない話です。どこにも逃げ道がない。誰にも逃げ道がない。個々人の悪や愚かさを描くと同時に、そういう社会の構造もあぶりだされています。

このオペラを書いたとき、作曲家はまだ二〇代半ばの青年でした。ものすごい早熟ぶりです。色彩的でドラマティックなオーケストラの効果など、天才的と言うほかありません。一直線に突き進む非常に直接的な表現性、甲高い哄笑《こうしょう》、エネルギー感が若さから来ていることは間違いありません。逆に、若者らしい軽薄な達観も感じられます。じめじめした作品になりそうなストーリーなのに、ドライでスピーディーなのが二〇世紀的です。もはやワーグナーのようなロマンティシズム、ヴェルディのような情熱からは遠く離れています。

ここに登場する人間たちは、カテリーナとかセルゲイとか、名前がついていますけれど、その実、誰であってもよい。特別な運命と呼ぶほどのこともなく、誰にでも当てはまりそうです。ベルクの「ヴォツェック」と同様です。実際、カテリーナやセルゲイは、ロシアでは多く見受けられる平凡な名前です。

現代においては、ムツェンスク郡がどんなところか、インターネットで簡単に確かめてみることができます。今でも本当に何もなさそうなところです。だったらなおさら、このオペラ、あるいは原作の小説が書かれたころには、もっとそうだったでしょう。

ショスタコーヴィチは、もしこの作品が当局から厳しく批判されなかったら、たくさんのオペラを書いたに違いありません。そんなことを想像しても仕方がないことですが、ついつい考えてしまいます。彼が書いた交響曲は、言葉のないオペラ、オペラの代用品かもしれません。このオペラが気に入ったら、ぜひ彼の交響曲も聴いてみてください。オペラから歌詞を取り除いたような瞬間がたくさんあります。言葉では言えないことを、わかる人にはわかるように示す、それが権力者に抑えつけられている芸術家たちが世界中どこでも行っていることです。

20　ストラヴィンスキー～アメリカで、英語で

「放蕩者のなりゆき」

イーゴリ・ストラヴィンスキー（一八八二―一九七一）は、二〇世紀におけるもっとも重要な作曲家のひとりであり、特にバレエ音楽「春の祭典」（一九一三年初演）は、音楽史上に輝く傑作です。

そのストラヴィンスキーが作曲したオペラ「放蕩者のなりゆき」（一九五一年初演）は、世界中のオペラハウスで上演されています。「放蕩児の遍歴」「道楽者のなりゆき」などと訳されたり、英語名そのままにカタカナで「レイクス・プログレス」と記されることもあ

ります。

ストラヴィンスキーがこの作品の着想を得たのは第二次世界大戦が終わってからさして時間が経っていないころで、当時はアメリカで暮らしていました。よって、このオペラも英語の歌詞を持ちます。おそらく、英語で歌われるオペラの中でもっとも上演頻度が高いもののひとつでしょう。

ストラヴィンスキーはたまたま目にしたイギリスの画家ウィリアム・ホガース（一六九七—一七六四）の版画作品を見て、オペラの作曲を思い立ちました。ホガースは、特に皮肉や滑稽味のある版画作品が大衆からも支持された画家で、ストラヴィンスキーのオペラと同じタイトルの連作は中でもよく知られていました（両作の原語英語題名はまったく同じですが、版画は日本語では「放蕩一代記」とも訳されるようです）。この連作の版画は、父親から財産を受け継いだ息子が、さまざまな愚行の末にそれを使い果たし、最後は精神に異常をきたすというストーリーを持っています。ストラヴィンスキーのオペラも、大筋ではこれに沿っています。

この放蕩息子の物語は、もともとは新約聖書に出てくる有名なたとえ話と関連します。父親から財産を分けてもらった息子がそれを使い果たしたが、帰郷するとあたたかく迎えられたという内容で、神の寛大さや赦《ゆる》しが示されているのです。ついでですのでもう少し書き添えると、放蕩息子には、まじめな兄がいて、この兄は父親が愚かな弟を寛大に受け入れたのが理解できませんでした。「お父さん、私はずっとまじめに生きてきました。しかし、弟は違います。なのにどうして？」お父さん、つまり神様いわく「失われていた者が戻ってきたのだ。喜んで当然だ」。つまり、不信心で罪を犯した者も、悔い改めれば迎え入れられるということです。キリストはしばしばたとえ話で神の教えを説いたわけですが、これもそのひとつです。

しかしながら、二〇世紀半ばに作られたこのオペラは、残念ながらそのようなハッピーエンドには至りません。主人公トム・レイクウェル（レイクには放蕩者という意味がありますから、たくさん浪費するやつという意味の名前です）は怠け者で、人生は運次第であり、努力などナンセンスと公言しています。彼には恋人アン・トルーラヴ（もちろん、本当の愛という意味です）がいます。彼女は裕福な家庭の娘で、その父親はぐうたらなトムを好ましく思っていません。せっかく仕事を見つけてやっても、トムは知らんぷりで遊び呆けているので、腹が立つばかりです。

そんなところに、ひとりの男がトムを訪ねてきます。その名はニック・シャドー。シャドーだなんて、名前からしても怪しいやつですが、その正体は悪魔です。トムをさまざまな快楽で誘惑して堕落させ、最後には魂を奪ってやろうとたくらんでいるのです。

トムは、「あなたは裕福だった伯父の財産を相続することになりました。今日からお金持ちです」と言う悪魔の嘘に簡単に引っかかってしまいます。

悪魔の目論むとおり、トムは大都市ロンドンに連れていかれて、どんどん堕落していきます。もともと意志薄弱な彼は、途中で「これではいけない」と思っても、正しい道に戻ることができません。

このオペラでもっとも感動的な瞬間のひとつは、トムを心配したアンが単身ロンドンに乗り込み、再会を果たすところでしょう。トムは田舎に住んでいたころとは打って変わって、都会風のしゃれた身なりをしています。まるで別人のようです。彼はアンに、ロンドンは危険な町だ、早く帰れと言いますが、アンは彼を再び平和な故郷へと連れ戻そうとします。そこにトムの新婚の相手、トルコ人のババが姿を現します。これが僕の妻だと告げられたアンは、「私はよけい者だったのね」と深い悲しみに沈みつつその場を去ります。「あの女は誰なのよ」とババに問い詰められたトムは、「乳しぼりの女だ。昔世話になった」と答えます。私はあらゆるオペラの中で、これ以上に悲しい歌詞を知りません。

やがてトムは一文無しにまで落ちぶれます。悪魔はトムを墓場に連れて行き、正体を明らかにします。もはやこれまでと思った最後の最後、トムの頭の中にアンの声が聞こえ、彼は最悪の地獄行きを免れます。

とはいえ、悪魔も簡単に引き下がりはしません。せめてもの腹いせに、去りしなにトムを狂わせてしまいます。もはや彼は正気を失ってしまうのです。

二つの大戦後の感性

ストラヴィンスキーは、長い創作歴の間に作曲スタイルをカメレオンのように変えていったことで知られています。キャリアの最初にはロマンティックな音楽を書いたのに、やがて荒々しく土俗的になり、その後、大きく転換して新古典主義という、ハイドンやモーツァルトの時代に範を取ったようなすっきりと辛口の音楽を作るようになっていったのです。

「放蕩者のなりゆき」は、新古典主義と呼ばれるスタイルになってからの作品ですから、「春の祭典」あるいは「火の鳥」のようなバレエ音楽とは大きく異なり、大編成のオーケストラがすごい音量で大迫力の音楽を鳴らしたりはしません。台詞の伴奏にはチェンバロが使われるところなど、いよいよハイドンやモーツァルトのようです。けれど、本当に似ているのかと言えば、これもまた違います。

ストラヴィンスキーは、悲しい場面には悲しい音楽を、楽しい場面には楽しい音楽をという、登場人物の気持ちに寄り添い、それを表現し、同時に聴く者の感情移入を誘う音楽を歌詞につけていったわけではありません。たとえば、第一幕でロンドンへ出かけていくトムをアンが見送る場面。彼らはまだ知らないけれど、これが恋人どうしとしての最後の別れになりますが、音楽はなんとも乾いています。その代わりに、不思議な透明感があります。

また、ロンドンでトムとアンが再会するところ。このオペラでもっとも悲しいシーンのはずですが、なんと背景では、トムとババの結婚を祝う、壮麗なバロック風の音楽が鳴っています。それがまたなんとも効果的で、結果的にはトムやアンの悲しみ、運命のやるせなさが強調され、豪華さや裕福さの虚しさまで感じ取れます。

最後、悪魔のニック・シャドーは炎が燃えさかる地獄へ戻っていきます。となれば、当然のことながら、モーツァルトの「ドン・ジョヴァンニ」で主人公が地獄堕ちするシーンが思い出されるわけですが、あのような深刻さ、厳粛さはありません。

ちょっと離れたところから、冷静に事件を眺めているような感じとでも言いましょうか。このオペラが作られたのは、人類が第一次、第二次世界大戦を経験し、少なからぬ都市が大きな被害を受け、瓦礫となってしまったあとです。どうがんばっても、一八世紀に戻ることなどできるはずがありません。もはや手の届かない過去を、手が届かないと思いつつ、手を伸ばしてみる。そんなあがきのようにも思えます。

「放蕩者のなりゆき」は、一九五一年にヴェネツィアのフェニーチェ劇場で初演されました。世界でもっとも美しいオペラハウスとも呼ばれる劇場で、フェニーチェとはフェニックス、不死鳥のことです。まだ戦争の記憶が生々しい時期に、幻想的な運河の町での擬古典的なオペラの上演。それはいろいろな意味で感慨深いものであったことでしょう。破滅すると半ば知りつつ欲望に流されていくトムの姿には、戦争の泥沼にはまってしまった諸国、あるいは西洋文明それ自体が投影されているのかもしれません。ようやく最後、トムはアンの愛情の意味を理解しますが、時すでに遅し。人類の歴史もそのようなものになるのかもしれません。

21　オペラでないから「三文オペラ」

わけがわからない……

日本でも頻繁に上演される「三文オペラ」。その宣伝や広告を新聞や雑誌などで見たことのある人も多いに違いありません。

では、この作品は果たしてオペラのジャンルに含まれるものなのでしょうか？　おそらく違うでしょう。しかし、せっかくわざわざ「オペラ」という言葉が含まれた題名なのだもの、一応触れておきましょう。それに、オペラとまったく無関係な作品でもありませんし。

三文オペラという題名を今風に言うと、百円オペラ、十円オペラとでもすればよいか。つまりは安っぽいオペラ、オペラのまがいものということになります。これまで述べてきたように、基本的にオペラとはいろいろな面で贅沢なもの。それをあえて安っぽいとするところに、まずはこの作品の皮肉な意図があります。

これまた今まで述べてきたように、オペラの登場人物は、英雄や美女や王族といった特別な人たちが主でした。しかし「三文オペラ」に登場するのは、盗賊、娼婦、乞食……といった社会の最下層の人々。舞台設定はロンドンの貧民街。そこで暮らすどん底の人間たちの愛憎や裏切りが描かれます。つまり、どうしたところで豪華、壮大な舞台になりようがない話です。

考えてみれば、乞食の歌を立派なオーケストラで伴奏するというのもおかしな話です（この点では、いくら切実な問題意識を持つ名作とはいえ、「ヴォツェック」もオペラの常識的な枠組みを壊してはいないのです）。「三文オペラ」で使われるのは、通常のオーケストラに比べればはるかに小さい編成の楽器群。出演者は、格式高いオペラ歌手ではなくて、歌のうまい俳優。となれば、この作品はオペラと呼ぶよりは、音楽劇あるいは歌入り芝居とでもすべきなのは確かです。あえて豪勢なオペラの逆を行くと見せつつ、最後は見事にオペラ的に決めてみせる、いや、オペラのパロディを作って見せるのがこの作品なのです。

一六〇〇年頃にオペラが生まれたときからベートーヴェンやウェーバーの時代までおよそ二〇〇年、「機械仕掛けの神」的な発想が、オペラの常套手段だったことはすでに述べました。物語の最後で突如神様が登場して、どうしようもない大ピンチを救ってくれる。そして、無理やりめでたしめでたしのエンディングになる。ベートーヴェンの「フィデリオ」もウェーバーの「魔弾の射手」もこの類のドラマの作り方です。

「三文オペラ」(一九二八年初演)もまさにそれなのです。最後の幕、盗賊のメッキー・メッサーが絞首刑を執行されるという絶体絶命のピンチに、女王様の使者が到着し、恩赦、それどころか年金までもが与えられると伝えられます。なぜ? どうして? まったくナンセンスなハッピーエンドです。普通のオペラでは、鑑賞者は「ああ、よかった」という気持ちになりますが、「三文オペラ」ではそうはならないでしょう。不可解な、わけのわからない気持ちになるだけです。不当に苦しめられている人間が救われるのではなく、悪人が救われるからです。この作品は、この世は不条理で、悪い人間が助かっていい目を見ることもあると言っているのです。一般的に私たちが劇場に求めているストーリーの逆です。

この作品を作曲したのは、クルト・ヴァイル（一九〇〇―五〇。ナチを逃れてアメリカに渡ったので、英語風にワイルと記されることも多い）。彼が書いた歌には、オペラのアリアよりも、もっと粗野な味、都会的なすさんだ詩情、それに独特のセンチメンタルな悲哀があります。

そして、作曲家と同様に重要なのが、台本を書いたベルトルト・ブレヒト（一八九八―一九五六）。二〇世紀演劇史にそびえ立つ巨人です。ブレヒトは、舞台作品の最後が盛り上がり、観客が感動してしまうのをあえて避けようとしました。感動とは一種の麻痺です。そこで満足してしまうことです。それではいけないとブレヒトは主張しました。「ああ、楽しかった！」という気持ちで客を帰らせてはいけない。むしろ、感動をあえて壊し、客を白けさせるべきだ。そして、陶酔させるのではなく、覚醒させることによって、さまざまな問題を自主的に考えさせるべきだ。そう考えたのです。

「異化」という言葉を聞いたことがある人もいるでしょう。人間が常識的に受け入れているあれやこれやが、ふいに奇妙なものとして感じられてくる。そのことで反省や思考が促される。簡単に言うと、それが異化です。言い換えれば、ブレヒトは、劇作品は娯楽であってはいけない。人々を教育するものでなければいけないと考えたわけです。ブレヒトはかつての東ベルリンでベルリナー・アンサンブルという劇団を立ち上げ、この劇団は世界的な名声を博しました。劇場は教育的な役割を持たねばならないという考え方は、社会主義における芸術観と重なり合います。

アンチオペラ

「三文オペラ」が大きくて立派なオペラハウスで上演されることはほとんどありません。また、オペラ歌手が出演することも稀です。日本に限らず、ミュージカル俳優やさまざまなジャンルの人々を出演者に選ぶのが普通です。しかし、逆方向から「オペラとは何か」を考えるためには、知っておいてよい作品です。

アンチヒーロー、アンチクライマックスという言葉があります。雄々しいヒーロー、あるいは高揚するクライマックスの反対のことです。オペラには普通はこの種のものは存在しません。歌とは、やはり感情移入の行為ですから「これは演じているんだぞ、嘘なんだぞ」とお客に意識させたいと考える歌手など、まずいません。だから、「三文オペラ」は、「アンチオペラ」という題名でもよかったかもしれません。

ブレヒトの考え方をそっくりそのまま踏襲しているわけではないにせよ、劇場とは人間の、あるいは現代の問題を表現したり考えたりする場所でもあるというのは、演劇やオペラを問わず、今のヨーロッパの劇場界においては常識のひとつです。単なる娯楽の場所ではなく、真実について考える場所ということです。であるからこそ、大学や研究所同様、国や地方自治体が経済的援助を行う理由もあるということになります。ただの娯楽を税金で援助する理由はありませんから。

22 ミュージカルとガーシュウィン

産業として成り立つミュージカル、成り立たないオペラ

「オペラ座の怪人」というミュージカルがあります。これは、「オペラ座」という言葉こそ含まれているものの、オペラではありません。よく勘違いする人がいます。もともとはガストン・ルルーという作家が書いた同名の小説が原作で、物語の舞台としてパリのオペラ座が登場するのです。

日本にもミュージカルの愛好者は多くいます。最近の若い人たちは、鑑賞にとどまらず、自分たちで歌ったり演じたりすることも楽しんでいるようです。同じように歌って演じるオペラとミュージカルはどこが違うのでしょうか。

ミュージカルは、オペレッタから派生したとされます。ヨーロッパの作曲家の中には、大西洋を渡って、アメリカで成功しようとした人々がいました。また、特にユダヤ系の人々など、ヨーロッパでの生活が困難になってアメリカに移住した人たちもいました。

アメリカで成功するためには、かの地の好みに合わせねばなりません。そこで、はでな踊りなどのシーンを増やしました。歌も単純にし、覚えやすいものにしました。深刻さや政治色や風刺色を弱めました。一九世紀以後のオペラはどんどん高級な芸術化、要するに難しいものになっていきましたが、オペレッタ、そしてミュージカルはその反動とも言えます。

ミュージカルでは、マイクやスピーカーを使うのが当たり前です。一方、オペラやオペレッタでは、特別な効果を狙っているとき以外は、そのような拡声装置は用いないというのが建前です。実はこの部分はグレーゾーンで、こっそりと用いている劇場もあります。どこも、ここでは用いているとは公言したがりませんが。

ミュージカルは連日、場合によっては一日に複数回の公演を行います。ヒットすれば、何ヵ月、いや何年も同じ演目を繰り返します。今日では、オペラハウスは入場料収入だけではやっていけません。また、歌手はワーグナーなどの大役を歌ったあとは休養が必要です（場合によっては数日間、できるだけ声を出さないようにして過ごすというのですから、たいへんです）。そのような現在のオペラを産業と呼ぶのは難しいでしょう。しかし、ミュージカルはいわゆるショービズであり、立派な産業です。

「ポーギーとベス」

ところで、アメリカの作曲家でジョージ・ガーシュウィン（一八九八―一九三七）という人がいました。クラシックの作曲家を目指しましたが、ジャズの影響は非常に濃く、「ラプソディ・イン・ブルー」やピアノ協奏曲などオーケストラやピアノを用いながらもいわゆるクラシックらしい音楽とは言いがたい作品を多く書いています。

彼の最高傑作のひとつがオペラ「ポーギーとベス」（一九三五年）です。冒頭からして、まるでミュージカルのようなにぎにぎしさで開始されます。有名な「サマータイム」という歌は、オペラのアリアというよりは、ミュージカルに含まれるヒット・ソングのようです。何しろ、彼はいくつものミュージカルも書いているのだから、それも不思議ではありません。

しかしながら、ガーシュウィンはたいへんな野望を持っていました。「ポーギー」を、ビゼー「カルメン」とワーグナー「ニュルンベルクのマイスタージンガー」を合わせたような作品にしようと考えていたのです。その結果、「ポーギー」は三時間もかかる大作になりました。常識的なミュージカルではありえないような大規模な重唱曲や合唱曲なども含まれています。

登場人物はアフリカ系のアメリカ人ばかり。舞台は、彼らが住む南部の貧しい地域。主人公のポーギーは、身体に障害がある物乞いです。そんな男がベスという女性を好きになり、あげく人殺しまで犯してしまいます。しかし、ベスは、麻薬の売人に言いくるめられ、ニューヨークに連れ去られてしまうのです。彼女が諦めきれないポーギーは、自らニューヨークに向かうことを決意します。はるか彼方の大都会へ、ポーギーは馬車ならぬ、山羊車で行こうとするのです。そんな馬鹿な……。そもそも彼はニューヨークがどこにあるのかも知らないのです。

いやはや、これほどまでに悲惨な内容のオペラもなかなかあるものではありません。飲酒、博打、喧嘩、殺人……。堅実に暮らす、まじめに生きるなどとは無縁の人たちがたくさん登場します。いかにも思慮に欠けるベスには分別がなさそうですが、山羊車でニューヨークに行こうとするポーギーも同類です。仮にポーギーがニューヨークにたどり着いたところで、いったいどうなるというのでしょうか。彼に物乞いや賭博以外に何かできることがあるとは思えません。誘惑に弱いベスがどうなるというのでしょうか。何度でもトラブルを起こすだけではないでしょうか。「ヴォツェック」同様、悲惨が悲惨を再生産するだけの話としか思えません。

ところが、ガーシュウィンが書いた音楽は、決して暗鬱ではないのです。ところどころで、いかにも彼らしいセンチメンタルで寂しげな音楽が聴かれますが、大半は活発で威勢がよい音楽です。肯定的なのです。最後、ポーギーには長いモノローグが与えられています。ベスがいないことに気づき、真相を知った彼は、ニューヨークに行くことを即座に決心します。あれはろくでもない女だからやめておけと周囲の人々に言われても、聞く耳を持ちません。「おれは彼女を愛している」、馬鹿げていようとも、それだけが彼のよりどころです。どこにあるかもわからない場所へ、会えるかどうかもわからないのに、ひとり旅立つポーギー。このシーンにおいて、ポーギーはまるで英雄のように神々しく、そして悲劇の色に輝きます。ああ、そうか、つまりは私たちは誰でもポーギーのようなものではないかと気づかされます。結局、私たちはみな愚かで何も見えていないのですから。

「ポーギー」には上から目線が感じられません。これに比べれば、「カルメン」も「ヴォツェック」も、しょせん頭がよくて才能もある人が、そうでない人を見下しているように感じられてきます。「ポーギー」には批判精神や冷たさがありません。愚かさを断罪せずに受け入れる寛大さがあります。それこそが、ガーシュウィンの音楽の最大の個性なのです。そして新大陸的とも言えるでしょう。

「ポーギー」は今日では音楽史上に輝く名作とされます。そのわりには上演されないのは、いろいろなむずかしさがあるためです。たとえば、アフリカ系の役を演じるために白人歌手が顔を黒く塗って舞台に上がれば、それだけで批判されるかもしれません。かといって、アフリカ系の出演者だけでは、小さなマイノリティの社会の中でのできごとに矮小化されてしまうでしょう。逆に、だからこそ今後斬新な舞台が作られることが期待できる作品でもあるのです。

23 ブリテン～苦い味わい

「ビリー・バッド」――非人間的な軍隊に殺される若者

ベンジャミン・ブリテン（一九一三―七六）は、かつての日本の音楽の教科書には「青少年のための管弦楽入門」というオーケストラ曲が掲載されており、それだけが妙に有名なイギリスの作曲家でした。その名の通り、オーケストラの楽器のひとつひとつをわかりやすく表す、啓蒙的な作品です。

ブリテンはこのようなオーケストラも書きましたけれど、やはり彼の本領は、オペラにおいて発揮されていることは明らかです。ブリテンは二〇世紀でもっとも重要なオペラ作曲家のひとりだというのが現代のオペラ界の常識なのです（残念ながら、この常識が日本のオペラ界や聴衆に共有されているとは言えませんが）。彼のように一〇以上のオペラを作曲し、そのいくつもが世界中の歌劇場でレパートリーになっている二〇世紀作曲家は、指を折って数えるほどしかいません。

とはいえ、本国イギリスを除けば、いやイギリスですら、（大衆的な）人気に恵まれているとまでは言えません。理由ははっきりしています。美しい旋律で客を陶酔させたり、これでもかと盛り上げたりしないのです。逆に、ドラマの暗さや救いのなさを容赦なく突きつけます。彼のオペラは、甘みではなく苦みを味わうべき作品です。大衆が甘いものを好むのは、どの国、どの地方でも同じです。ですが、苦みこそが人の心を打つのです。もっと言うなら、ブリテンのオペラはある程度の知識階級に向けての作品なのです。知的な関心や問題意識を共有できる人にとってこそ特におもしろく感じられるのです。

たとえば、代表作『白鯨《はくげい》』で有名なアメリカの大作家ハーマン・メルヴィル（一八一九―一八九二）の小説から着想を得た「ビリー・バッド」（一九五一年）がその好例です。この作品は、軍艦内で起きる事件を描いています。だからして、必然的に登場人物はすべて男ということになります。ソプラノの名アリアなど、はなから期待しようがないのです。ブリテンには最初から、一般的なオペラ愛好家に媚びようという気持ちがないのです。

時代設定は一八世紀末から一九世紀にかけて。かつてイギリスの軍艦「無敵号」の艦長だったヴィアには、決して忘れられない苦い思い出があります。あるとき彼の船にビリー・バッドという若者が入隊してきました。ビリーはろくな教育を受けていないので文字が書けず、おまけに緊張すると喋れなくなってしまうという欠点も持っていますが、明るく人柄がよいうえにハンサムで、みなから愛されます。

だが、船には邪悪な人間もいます。ビリーをだまし、陥れ、破滅させようという衛兵伍長です。彼は、ビリーが反乱を企てているという嘘の告発をします。緊張するとどもってしまうビリーは、言葉で立派な反論ができず、ついかっとなって衛兵伍長を殴り殺してしまいます。

ビリーが悪い人間ではないことは誰もが知っています。罠にはめられそうになったことも艦長にはわかっています。悪いのはビリーに意地悪をした衛兵伍長なのです。でも、上官を殺した罪は否定できません。軍の規則に従えば、ビリーは絞首刑になるほかなく、実際そうなってしまいます。艦長は、自分は神に試されたのだ、そして失敗したのだと痛感し、苦悩します。その苦悩は生涯決して消えることがありません。

こんな筋書きからして、暴力的な不協和音が渦巻く音楽かと思いきや、実は反対なのが意外です。ブリテンが書いた音楽は、決して複雑難解ではなく、むしろ思いのほか簡潔で透明感があります。だからこそ、静かな幕切れが長い余韻を残します。他方で、決めどころではオペラ的、スペクタクル的なおもしろさも十分味わわせてくれます。

今日、世界中で再び軍拡の傾向が強まっており、すぐにでも戦争が始まる可能性すらほのめかされています。しかし、たとえ理由はどれほどご立派であろうと、軍隊や戦争がどれほど残酷なものなのか、「ビリー・バッド」は教えてくれます。理不尽な命令でも上官には絶対服従せねばならない軍規が、実際にはどれほど非人間的なものか。軍隊が存在する限り、「ビリー・バッド」が迫真性を失うことはないでしょう。二〇世紀には世界的な規模の戦争が二度もありました。それ以外にもヴェトナム戦争など、悲惨な戦争が各地で起こりました。それゆえに、まことに残念なことに、二〇世紀は戦争や軍隊を生々しく描く芸術・文学・映画の時代でもあったのです。

「ピーター・グライムズ」――社会の悪意を告発

ブリテンは多くのオペラを書きました。シェイクスピアをもとにした「真夏の夜の夢」、ヘンリー・ジェイムズという作家の怪奇幻想的な原作による「ねじの回転」、トーマス・マン原作の「ヴェニスに死す」など、題名だけでも興味をそそられるものが目白押しです。

しかし、ブリテンの傑作として挙げられる機会が特に多いのは「ピーター・グライムズ」（一九四五年）です。これもまた「ビリー・バッド」同様、重たい余韻を残す作品です。

物語の場所は、とある漁村。漁師のピーターは、裁判にかけられています。漁の最中に、彼が雇っていた少年が死んでしまったのです。船が漂流し、飲み物や食べ物に困ったあげくのことだとピーターは言います。

ところが、村の人々は、ピーターの主張にまったく耳を貸しません。殺したに違いないと信じ込んでいるのです。ですが、明確な証拠があるわけでもなし、ピーターは無罪となります。

ただし、裁判所はピーターに厳しい条件を課します。今後、少なくとも後見人をつけない限り、漁の助手を雇ってはいけないと言うのです。ピーターは、それでは漁などできるはずがない、自分が本当に人殺しをしていないと認めてくれと言いますが裁判官には相手にされません。

ピーターの悪評は広まっており、村で助手を探すことなどできるわけがありません。しかしながら、彼に同情する人たちも若干ですが、います。たとえば女教師のエレンや元船長などです。彼らには、ピーターが、愛想が悪くて粗野なので損をしていることがわかっています。そういう人に助けられて、ピーターは孤児院からひとりの少年を雇い入れます。

ところが、まもなく、新たに雇った少年にぶたれた痕があることがわかります。ピーターに尋ねても、暴力を振るったとは言いません。混乱の中、少年は、誤って海に落ち、死にます。

ピーターに親切にしてくれた人たちも、もはや彼を助けることはできません。彼らに促され、ピーターは船を海に出し、もろとも沈んでいきます。が、村の人々は誰もそんな結末には関心がなさそうです。

ピーターは、自分から手を下して人を殺すような人間ではなさそうです。しかし、人付き合いが悪く、教会にも行かず、粗暴な面があるので、村で嫌われているのです。そんな彼のところで、たとえ事故だったにしても、ふたりの少年が死んだとあっては、周囲が黙っていません。裁判所が彼を有罪にすることができなくても、共同体は罰することができます。ピーターはもはやここでは生きてはいけないことを告げられ、自死を強いられるのです。

この作品でもまた、「ビリー・バッド」同様、共同体や社会の恐ろしさ、人間の悪意が描かれています。共同体や社会は、常に誰かを排除しようと虎視眈々《こしたんたん》と狙っています。ごく普通の人間もが心の底に悪意を秘めており、これとターゲットを定めたら、破滅させてしまいます。そして、ルールは、人間を守ってくれるものとは限らないのです。それどころか人情やあたたかみなどありません。

この作品が初演されたのは一九四五年、長く辛い第二次世界大戦が終わった直後でした。大喝采を受けたそうです。あの戦争のあとで、解放感が強かったでしょうに、明るく華やかなオペラが見たかったでしょうに、人々はこんな暗いオペラに喝采したのです。歴史書には書かれないような、いろいろな嫌なことがあったに違いありません。おそらく人々は、そんなことを思い出しながら、このオペラを見たのではないでしょうか。

なるほど、ブリテンのオペラには、プッチーニのような甘美なアリアはありません。ですが、演劇的なスリルや緊張感があり、とにかく見ておもしろいのです。本書の読者には、ぜひともこうしたオペラにもなじんでいただきたいと思います。

これはあえて記すかどうか迷ったのですが……ブリテンは同性愛者でした。その点で、いくら才能があろうとも、明らかに少数者であり、指さされる身でした。彼が共同体、社会の残酷さを繰り返し描いたことと無関係ではないでしょう。

24　グラス～ミニマル音楽としてのオペラ

「浜辺のアインシュタイン」――数式を歌うオペラ

フィリップ・グラスは一九三七年、アメリカで生まれた作曲家です。後述するジョン・アダムズとともにミニマル音楽の始祖とされています。

グラスのおもしろいところは、まずはそもそも子供のときに音楽に興味を持ち、親しんでいった経緯です。親が音楽家だったとか、英才教育を受けたわけではありません。父親がレコード店を経営しており、そこでさまざまな音楽になじんだというのです。バッハやモーツァルトとは異なった、二〇世紀の音楽家らしいスタートと言えるでしょう。その後、音楽院や個人的なレッスンで力をつけていき、ヨーロッパのアカデミックな作曲界とは異なったルートで世に名を知らしめるようになったのです。

グラスはことに舞台作品に熱心ですが、何と言っても彼の名を高めたのは「浜辺のアインシュタイン」（一九七五年）というオペラでしょう。あの天才物理学者のアインシュタインをオペラにする？　それだけで興味をかきたてるのには十分ですが、グラスのこの作品にはストーリーらしいストーリーなどありません。その点で、後述するジョン・アダムズの諸作品とはまったく異なります。ごく限られた歌詞、それも数式などが延々と繰り返して歌われるだけなのです。しかも、休憩なしで四時間以上かかります。演奏するのは通常のオーケストラではなく、電子楽器なども含んだアンサンブル。これを普通のオペラと受け取る人は、まずいないでしょう。

長いオペラといえば、四日もかけて上演されるワーグナーの「ニーベルングの指環」の名がまっさきに挙げられます。あの作品では何十人もの登場人物が複雑な物語を繰り広げますから、長くなるのも当然の結果です。しかし、「アインシュタイン」は、それとは別の意味、別の目的ゆえに長いのです。何かを描くために長さが必要というのではなく、長さ自体に意味があるのです。伝統的で常識的な芸術観とは違った問題意識があるのです。

「アインシュタイン」はグラスの作品であると同時に、舞台を制作したロバート・ウィルソン（一九四一―）の作品でもあります。ウィルソンは、グラスと同じ世代に属する演出家です。非常にスタイリッシュで静的な、通常の意味での演技という言葉がもはや当てはまらないような、幾何学的な所作を俳優や歌手にさせるのが特徴。たとえば、プッチーニ「蝶々夫人」を演出しても、よくありがちな日本風の衣装や舞台装置など用いません。ワーグナー「パルジファル」もまったく中世風ではありません。舞台写真を見せられても、何の作品だか当てることはむずかしいに違いありません。

グラスにしても、ウィルソンにしても、音楽や演技に伝統的な意味での表現性や、大きな振幅を与えたりはしません。しかし、ほとんどずっと固定化されているからこそ、ちょっとした動きにどきりとするほどの効果があったりします。そのあたりは、日本の伝統芸能にも似ているかもしれません。ウィルソンの作風がどのようなものか知りたかったら、グルック作曲「アルチェステ（アルセスト）」というオペラの映像を見るとよいでしょう。動きが節約されたモノトーンの舞台。それゆえの美しさや力。ウィルソンはさまざまなオペラの制作に関わっており、彼の流儀がうまくいくときもだめなときもありますが、これは成功した例です。グルックの端正でありながら劇的な音楽とよく調和しています。

とにかく長い……

私が「アインシュタイン」を見たのは、ドイツのある劇場でしたが、まずは入り口の係員に「今日は休憩がないし、長いからそのつもりで」と念を押されました。入ってみると、客席はがらがら、まるですいている場末の映画館のようです。こんなときは、お行儀がいいとは言えませんけれど、まわりにあまり人がいない場所で姿勢を崩して見るのが楽です。私はあらかじめ買っていた席ではなく、快適そうな場所を見つけて腰を下ろしました。

いざ上演が始まると、とにかく同じ歌詞がしつこく繰り返され、ろくに変化がない音楽がえんえんと続くことに業を煮やしてか、客が次々に帰っていきます。しかし、中には一度出たあとでまた戻ってくる人もいます。本当は途中入場は許されないのですが、来場者も係員も、気が付くと、「なんかもうどうでもいいや」という緩い雰囲気になっていました。何しろ、洗面所に行って戻ってきても、ほとんど変わらないシーン、音楽が続いているのですから。

そして、不思議なことに、ある程度の時間聴いているうちに、長さや繰り返しが妙に心地よくなってくるのでした。普通のオペラなら（つまり西洋音楽とは、ということになりますが）、ドラマティックに盛り上がるところでは聴く者の緊張は増し、そうでない場面では気持ちが緩むわけですが、「アインシュタイン」の場合は、ずうっとぼうっとした気持ちよさが続くのです。西洋音楽の楽器やルールを用いても、狙うところは違うのです。インドやバリ島などエスニックな音楽から触発されただけのことはあります。

グラスの音楽は、まさにグラス節とでも呼べるような、独特の旋律やリズムをひたすらしつこく繰り返すものです。同じ音型を繰り返すことで緊張感を高め、やがてはクライマックスに導いていくのが、ベートーヴェンやチャイコフスキーなどいわゆるクラシック音楽の発想です。しかし、グラスの場合は、いくら繰り返しても緊張が高まりません。子供が、海辺に作った砂山の上に再び砂を盛ろうとしても、もとの砂山が崩れてすそ野が広がるだけで、高くはならない、そんな印象です。高い高いクライマックスは決してやってこないのです。

この辺で終わりかなと思っても、終わりません。それがとうとう終わったとき、これもまた不思議な充足感が得られます。すわって見て聴いていただけ、なんとなくぼうっとして気持ちよくなっていただけなのですから、達成感だのカタルシスだのと呼ぶほど大げさなものではありません。それだけに不思議なのです。会場に最後までいた少しばかりの観客たちは、熱狂して拍手をしました。普通のオペラでは体験できない時間と空間。なるほど、これもまた劇場ならではの魔法には違いありません。

「アクナーテン」——古代エジプトの遺跡のようなオペラ

「アクナーテン」(一九八四年初演)もたいへん魅力的な作品です。私たちの好奇心をひきつけてやまない古代エジプト文明に素材を求めた作品です。古代エジプトを扱ったオペラといえば、もちろんヴェルディの「アイーダ」が思い起こされますが、考古学者が立案したわりには、内容があまりにも現実離れしています。

それに比べて「アクナーテン」ははるかに史実に忠実です。題名となった人物は、紀元前一三五三年頃から紀元前一三三六年頃までアメンホテプ四世としてエジプトを支配したファラオです。その妻のひとりは、美女として名高いネフェルティティ。あのツタンカーメン王も彼の息子でした。

アクナーテンは、古代エジプト史上特筆すべきファラオでした。というのも、もともとエジプトは多神教だったのですが、アクナーテンは、横暴な神官たちの力を弱めるため、太陽神アテンのみを崇める方向に大きく舵を切りました。これが世界初の一神教の誕生と言われています。

最初はうまくいくように見えましたが、やがて人心が離れ、アクナーテンが死ぬと、再び旧来の多神教が盛り返しました。アクナーテンは神々を汚した大悪人とされ、彼の像は破壊され、その存在は歴史の隅へと追いやられました。そのなりゆきを三幕、二時間かけて描いたのがグラスのオペラなのです。

「アイーダ」の対極にあるような音楽です。感情や状況によっていろいろに変化するというものではありません。典型的なグラス節で、単純な旋律やリズムが延々と繰り返されるだけなのですが、なのにまあ、その効果的なこと。歌詞に即した音楽を書かねばならないという、オペラ誕生以来の常識がぶち壊されています。

歌詞にしても、同じ歌詞がひたすら繰り返されます（しかも古代エジプト語など、理解できる人はほとんどいないような言語です）。なのにそれでいい、いやそれがいいという気がしてくるのは、もはや悠久の時間の向こうにある事件が描かれているからでしょうか。

いずれにせよこのオペラには、遺跡を吹き抜ける風のような涼しげな美しさ、やさしさ、なおかつ、乾いた血のような残酷さがあります。実に独特です。

ちなみに、推理小説の大家アガサ・クリスティも『アクナーテン』という戯曲を書いています。どうやら世界初の一神教というものに西洋人は格別の興味を抱くようです。

グラスは、他にも興味深い題材をもとにしたオペラを作っています。たとえば、「アッシャー家の崩壊」（一九八八年初演）は、アメリカの作家エドガー・アラン・ポーの有名な短編を二時間弱のオペラにしたものです。一家断絶を宿命づけられた不思議な家族、その屋敷に招かれた青年が体験する恐怖の事件。つまり、読者をドキドキさせる文学ですが、グラスの音楽はこんな内容にぴたりと合っています。この場合は「アインシュタイン」とは逆に、繰り返すことで緊迫感を高め、それをひたすら持続させます。サスペンス、まさに宙づり状態が続くのです。オペラ初心者にとっても非常におもしろい作品に違いありませんが、日本では上演されないのが残念です。

グラスはそれ以外にもフランツ・カフカの非常に印象的な短編をもとにした「流刑地にて」、インド独立の父マハトマ・ガンジーを扱った「サティアグラハ」など、好奇心をそそるオペラをいくつも書いています。

現代オペラには関心を持たない人もたくさんいますが、グラスの作品は、題材からしても一度見てみたいと興味をそそるのです。

25　アダムズ〜核の時代にオペラは可能か

「原爆博士」

ジョン・アダムズ（一九四七—）もまた現代のアメリカを代表する作曲家のひとりで、グラス同様、ミニマル音楽の始祖とされています。

アダムズもオペラを積極的に手掛けています。特に有名なのは一九八〇年代に作られた「ニクソン・イン・チャイナ」（中国のニクソン）です。なんと、ニクソン大統領の中国訪問をオペラにしたのです。最新とは言わないまでも、近年の、しかも冷戦の転機になった政治的なできごとをオペラにしてしまったということで世に衝撃を与えました。しかし、考えてみれば、一九世紀のいかにもオペラらしいオペラだって、しばしば政治的事件に着想を得ていましたから、アクチュアルなできごとをオペラにして悪い理由はないのです。

だが、「ニクソン」以上にものすごい、あらゆるオペラの中でもっとも強烈な作品のひとつをアダムズは書いています。人間の弱さ、運命の残酷、偶然の恐ろしさ、そんなことを痛感させる傑作を。

すでに取り上げたウェーバー「魔弾の射手」の主人公は、弱さゆえに、悪魔の力を借りてしまいました。また、狩人仲間のカスパールは、戦場での恐怖から、悪魔を頼ってしまいました。悪いことだと思っていても、やってしまう。それは、人間のほとんど誰もが犯してしまう過ちに違いありません。

では、心を強く持つようにすれば、悪の誘惑に負けずにすむのか。たとえば、神や正義を強く信じるなどして？

いや、そうではないでしょう。ひとりひとりの人間が、いくら良心的に行動しようとしても、社会的な状況ゆえに間違い、それも決定的な間違いをしでかすことだってあるのではないか。そして、個々人の心の強さ弱さよりも、本当はそちらのほうがより重く、深刻な問題なのではないか。

そんなことを考えさせるのが、アダムズのオペラ「原爆博士」（英語の原題は「ドクター・アトミック」。二〇〇五年初演）なのです。この世に存在するオペラの大半は悲劇的ですが、「原爆博士」以上に見終わったあとで重苦しい余韻を残すオペラは存在しないかもしれません。

このオペラの主人公は、第二次世界大戦中にアメリカで原爆の完成を指導した科学者、ロバート・オッペンハイマー博士（一九〇四―六七）です。アメリカの科学者たちは、圧倒的な破壊力を持つ原子爆弾を一日も早く完成させるために邁進しました。この強力な兵器があれば、ヒトラー率いるナチス・ドイツを退治できるでしょうし、日本を屈服させることもできます。それだけの威力のある、かつてない強力な兵器なのです。

とはいえ、中には、自分がしている仕事に疑問を持つ科学者もいました。何と言っても、人類史上例を見ない、あまりにも残酷な兵器です。そして、本当のところどれほど強力なのか、計算はできるけれど、実際に試してみないことには、わかりません。たとえば、爆発したあと、放射性物質が風の向きや強さによってどう拡散するか。それはほとんど運次第なのです。自分は間違った仕事をしているのではないか、そんな疑いを抱く人がいても不思議ではありませんでした。

しかし、原爆の開発は進められました。もし、ナチス・ドイツがアメリカより先に原爆を作り出したら？　世界最高峰の科学力を持ち、どこよりも早くジェット戦闘機や長距離弾道ミサイルを生み出したドイツのことです。もし、彼らが先に原爆を実用化したら、何が起きるかはあまりにも明らかです。アメリカは壊滅的な被害を受けるに違いありません。

幸いなことに、原爆が完成、使用されるより前にドイツは降伏しました。もう彼らが原爆で他国を攻撃する危険はなくなりました。しかし、それとは別の、新たな脅威が存在します。ソヴィエトです。もしも、世界を共産化しようというソ連が原爆を持ったら？　そんなことがあってはなりません。アメリカは世界に先駆けて原爆を作らねばならない。そして、それがどれほどすさまじい兵器であるかを示さなければならない（その際の標的は、まだ降伏していない日本です）。そのために、原爆の開発は続けられました。それがこのオペラの時代背景です。

「原爆博士」は、開発を命じられた科学者や軍人の葛藤や苦悩を描いたオペラです。およそ二時間半かかりますが、特に後半はすさまじい緊迫感です。

中には、せめて日本にあらかじめこの兵器の恐ろしさを教えてやったほうがよいと主張する技術者もいます。とにかく、あまりにも凄惨な結果を生み出す兵器だから、予告すべきだ。そうすればさすがの日本も降伏するだろう。

けれど、アメリカ政府の方針は違うのです。原爆の力を世界中に見せつけてやりたいのです。そうすれば、誰もアメリカに歯向かえなくなります。今後の外交がやりやすくなります。

いよいよ実験の日取りが定められましたが、悪天候のせいで、実行できるかどうか、なかなか決まりません。天気が悪ければ、放射性物質が計算とは異なった拡散をすることもあるでしょう。科学者らの不安や恐怖は極限に達します。しかし、とうとう、天気が好転する兆しが見えます。こうなったら、もう決行するほかありません。そして……。

この結末については、あえてここで記すことはしません。どうかご自分でご確認ください。ひとつだけ書くとしたら、最後、思いがけない言葉でこのオペラは閉じられます。

広島や長崎で何が起きたのか、それはもう私たちがよく知っていることです。それは音楽などでは表現できないような悲惨な破壊だったのです。それをオペラにするとは大胆な企てですが、見事に成功していると思います。

この作品は、たとえばモーツァルトのオペラのように美しいものだとは言えないでしょう。しかし、「原爆博士」の深刻さに比べれば、他のオペラの九九パーセントはのんきな、しょせん男女の好きだの嫌いだのという、ちっぽけな喜怒哀楽を描いているにすぎないという気がしてきます。

芸術には、科学のような進歩の概念は当てはまりません。バッハよりモーツァルトのほうが新しいからより美しい、モーツァルトより二〇世紀音楽のほうが新しいからより美しい、そのようには言えないのです。むろん、音楽に限った話ではなく、美術や建築も同様です。でも、そうは言っても、今世紀に書かれたこのようなオペラを知ってしまうと、一九世紀の名作とされるオペラは、なるほど魅力的だし感動的かもしれませんが、まだまだ甘いのではないかという気がしてきます。個々人の問題など、原爆を開発し使用するという国家レベルの犯罪的な問題に比べれば、いかほどのものかと思われてきます。

「原爆博士」を何度も何度も見たい、聴きたいという人はあまりいないでしょう。何だか本当に寿命が縮んだように感じられる強烈な作品です。演奏家は、たとえ悲しい内容のオペラであっても、歌ったり弾いたり音楽の歓びがあるから、音楽という仕事をしています。けれど、この作品に関しても、そういう歓びはあるのでしょうか。ちょっとばかりそんな心配までしてしまいます。

いずれにしても、一度は生で経験したい、いやぜひすべきオペラのひとつであることは間違いありません。私は時折、この作品を大学の授業で取り上げますが、映像が終わったあと、教室にいる誰もが呆然として沈黙が続きます。そんなオペラ、あるいはオペラ映像は、そうたくさんあるものではありません。

このように、さまざまな題材を選んで、現代でもオペラは作られ続けています。最近ではアップル社の共同創業者であるスティーヴ・ジョブズを主役にしたオペラがアメリカで作られたと報じられています。イギリスのマーク・アンソニー・タネジ（一九六〇―）という作曲家は、大金持ちと結婚したプレイメイトを主人公にした「アンナ・ニコル」（二〇一一年）という作品で話題になりました。

劇場は時代とともに生きるもので、博物館ではありません。ワーグナーにしたところで、しつらえは中世風、神話風かもしれませんが、つまるところは自分の問題、彼の時代の問題を表現したのです。

私たちは現代を生きています。ならば、私たちの問題とは、現代の問題です。その現代の問題を表現しなくて、何が芸術家かと思います。作曲家は、台本作家や演出家などと手を携え、現代人にとってもヒリヒリするような問題意識をもって新作を創造してほしいものです。

★コラム：復讐のアリア

「目には目を、歯には歯を」という言葉は誰でも聞いたことがあるでしょう。何か被害を受けたら、同じくらいの仕返しをすべしと理解されているようです。旧約聖書に由来しているとされますが、実はそれよりさらに昔、今から約四〇〇〇年前のハムラビ法典にもそう記されているそうです。

なぜわざわざこんな言葉が古代人によって石板に刻まれたのか。同じくらいの仕返しをしろ、しなければならないという意味とは限らないでしょう。むしろ逆ではないか。人間には、害を与えられたらその仕返しをしたくなる感情がありますが、その感情にそのまま従ってしまうと、しばしば度が過ぎてしまうからではないでしょうか。

しかも、そのような限度を定めても、仕返しはさらなる仕返しを呼びこみがちです。シェイクスピアの『ロミオとジュリエット』のように、家族や親類全体が、やがては町や地域や国全体が憎悪の悪循環にはまり込んでしまうのではないか。

なぜ、そんなことになるのか。仕返しをしたところで、最初に受けた被害は回復しないからです。殺人犯を死刑にしても遺族がもとの幸せを取り戻すことはあり得ません。決して気持ちが晴れることはありません。覆水盆《ふくすいぼん》に返らずで、一度起きてしまったことをなしにすることはできないのです。

それゆえに、イエス・キリストは、「目には目を」に逆らって、「右の頬を打たれたら、左の頬も差し出しなさい」と言ったのではないかと私は思います。復讐では、問題は根本的には解決できません。むしろ、それは心を傷つけられる人を増やすだけかもしれない。だから、許しなさい。許すことだけが唯一の解決だ。こう言ったイエスは鋭いと思います。そして、勇気があったと思います。みなと声を揃え、復讐に加担するほうが簡単です。一向に解決しない中東情勢を見ていても、イエスは本当にギリギリの真実を言ったのだなと思わされます。しかし、聖書にそう書かれているということを知ってはいても、やはり人間は弱いもの、愚かなもので、復讐の感情を完全に抑えるのは不可能なようです。

オペラの場合、登場人物がイエスのように悟った人間ばかりですと、そもそも戦いや争いや不倫のドラマは成り立ちませんから、簡単に敵を許したりはしません。それどころか、復讐の執念がドラマを動かす大きな力となっている場合が多いのです。そして、しばしば復讐心を声高らかに歌い上げる「復讐のアリア」が大事な聴きどころになります。もしかしたら、復讐はよいことではないとイエスが説いているからこそ、キリスト教徒は復讐したいというひそかな願いをオペラや小説に託すのかもしれません。

復讐心に燃える人々は、主人公ではなく、副次的な登場人物であることも多いのですが、彼らの暗い情念があってこそ、物語が奥行きを得ます。本当は、復讐心などはそっと心の奥に秘めていればいいと思いますが、それを大声でみなに言ってしまうのがオペラならではのご愛敬です。

ベートーヴェン「フィデリオ」では、悪徳刑務所長が、自分の悪事をばらそうとしているやつに復讐してやると手下たちの前で大騒ぎして歌います（手下たちがその様子を見て、「所長の様子が変だ」と怪しく思うのが可笑しいシーンです）。

ロッシーニ「セビリアの理髪師」では、おとなしそうな顔をしているくせに実は復讐を企んでいる音楽教師が「あいつの悪口を世に広めてやりますよ。そうすれば、やつはもうおしまいでさあ」と悪だくみを打ち明けます。今になってみると、噂や嘘が簡単に広まるインターネット社会を先取りしたようにも感じられます。ロッシーニは軽やかに、明るい歌に仕立てていますが、内容は実にネチネチしていて陰湿なアリアです。

こうした復讐心は、特定の登場人物に向けられていますが、時代が下がると、さらに抽象化が進むように思われます。単にあいつが憎い、というだけではなくて、もっと観念的になるのです。

ヴェルディ「オテロ」のヤーゴは、自分は神ではなく悪魔を信じると歌います。ヤーゴは、自分が戦功をあげても出世できないのは、将軍オテロに見る目がなく、不公平だからだと考えていますが、彼の不満はそれだけにとどまりません。「ヤーゴの信条」と呼ばれる歌は、世界全般を呪うドス黒い歌です。イタリア・オペラにおいてこれ以上に邪念に満ち満ちた歌は他にないでしょう。「オテロ」に限らず、ヴェルディの作品には「リゴレット」「椿姫」「トロヴァトーレ」「マクベス」等々、復讐の要素がたっぷり含まれています。ヴェルディはとっくに近代化が進んだはずの一九世紀の人間でしたが、彼の作品がいささか古風に感じられるのは、そもそもは名誉を守るために行われた歴史を持つ復讐が、たびたび登場するのも一因です。恥をかかされた方が、復讐によって名誉を回復するという中世的、封建時代的な感性や行動様式が大昔の日本にもあったことは誰もが知る通りです。

また、プッチーニの「トスカ」では、悪徳警視総監スカルピアが、自分が賄賂を求め、美女をむりやりものにするのが好きなのは、自分がかっこよくもなければ、しゃれっけもない、つまりはもてない男だからだと歌います。

ワーグナーの「神々の黄昏」では、ハーゲンが、自分は婚外子であるがゆえに、一家の跡取りになれず、愚鈍な兄を立ててやらねばならない不満を表現します。

彼らを突き動かしているのは、特定の人間への恨みではなく、この世のありように対する復讐心です。このような人間として生まれてしまったことへの不満です。こうした歌においては、復讐の対象は、もはや一個人を超えて、そのような状況を作り出した世界や神に対するものとなっています。それゆえ、彼らに与えられている音楽は、単純な復讐のアリアに比べて、いっそうスケールが大きく、しばしば壮大なものになります。彼らの敵はしばしば英雄的人物ですが、それすなわち、かっこよくて、正義を体現していて、つまりは神に愛されている人々です。そんなやつらがとりわけ憎いのです。

復讐心を鮮明に表現した音楽を聴くと、人並み外れた才能を持ち、傑作をものにし、成功にも恵まれた作曲家たちですら、心の闇は深かったのだと痛感させられます。もし彼らの心が清水のように澄んでいたら、復讐心の生々しい表現などできたはずがありません。

世界の主なオペラハウス

本場の欧米はむろんのこと、アジアやオセアニアにもオペラハウスがありますが、ここではヨーロッパの代表的な劇場の特徴を記しましょう。

●イタリア

この国で最高のオペラハウスは、疑問の余地なく、ミラノのテアトロ・アラ・スカラです。日本ではミラノ・スカラ座という昔の訳語が通用していますが、あまりおしゃれな感じがしないので、私などは、(ラ・)スカラと呼びたいと思っています。オペラの世界でスカラと言えば、この劇場に決まっているのです。

二〇〇年以上という伝統の長さもさることながら、オーケストラと合唱の力が、他のイタリアの劇場を圧しています。きわめてドラマティックで、かつデリケートで甘美なのです。声がちゃんと聞こえるように音量に気を配りながら、いきいきした伴奏をしている様子など実に見事なものですが、残念ながら、こうした特徴は、録音や映像ではわかりにくくなります。きわめて率直な話、こんな演奏ができるオーケストラは、これ以外にはドイツのドレスデンにしかありません。

ぜひとも本場で訪れてみたいオペラハウスのひとつですが、チケットはヨーロッパでの通常公演としては(特別公演や音楽祭は別として、という意味です)、もっとも高価な劇場のひとつです。

保守的なものから現代的なものまで、さまざまな演出が行われていて、取り上げる作品もバロックから現代まで幅広く、イタリアもの以外も案外多い。チケットが高価なので、不人気作では空席が目立つこともあります。オペラに興味を持つ人ならぜひともイタリア・オペラの名作をこの劇場で見て聴いてほしいと願ってやみません。

フィレンツェ、ローマ、ボローニャ、ナポリ、ヴェネツィア、ジェノヴァ、トリノといったイタリアの代表的な都市にも名門とされる劇場があります。特にヴェネツィアのフェニーチェ劇場は、建物が世界でもっとも美しいオペラハウスのひとつとされています。

ただし、これら劇場の上演水準は、スカラよりだいぶ低いと言わざるを得ません。イタリアはオペラが生まれた本場ですが、ドイツのように国や地方自治体がふんだんに資金援助をする余裕がないので、難しい状況にあります。それでも、意欲的な上演も行われていますから、まったく無視するわけにもいかない。

もっと小さな町、たとえばモデナやパルマにもオペラハウスがあります。それらを巡るのも楽しい旅になりますが、毎日上演があるわけではないので、うまく計画を立てねばなりません。そのような小さな町でも、上演の時間が近づくと、どこからともなく豪勢な身なりの老婦人や老紳士が現れ、満席になります。日本の地方都市では想像もできない光景でしょう。オペラは裕福な者の娯楽であり、そうした人々が地方にも少なからず暮らしていることに驚かされます。イタリアに限ったことではありませんが、こうした地方都市の豊かさを知ると、日本でもことあるごとに地方創生だの地域の再活性化などと叫ばれますけれど、なんとも浅はかにしか感じられなくなります。

●フランス

フランスはイタリアやドイツと異なって、中央集権の国です。従って、基本的にはもっともよいものはジャンルを問わずパリに集まります。パリのオペラハウスが、フランスで断然一番の存在であり続けているのは当然です。

パリでは、日本語で俗にオペラ座と呼ばれるパレ・ガルニエ（ガルニエ宮と記されたりもする。オペラ広場に面する）、およびオペラ・バスティーユ（バスティーユ広場に面する）で上演を行うパリ国立オペラがもっとも有名です。ガルニエはいかにも古風で豪華な建物ですし、逆にバスティーユは現代建築です。

ただし、ガルニエもバスティーユも、観光客率が非常に高いので、ラフな服装で来る人も多く、いささか風情を欠くのも事実。あまりに有名ですし、お上りさんが多いのです。パリの裕福な芸術好きの人々が集まるという点では、モンテーニュ通りにあるシャンゼリゼ劇場のオペラ上演のほうがずっと雰囲気がいいのです。ここでは、座席案内をしてくれる係にチップを渡すという、かつてはどこでもあった習慣がいまだ生き残っています。ですので、小銭をポケットに入れて出掛けねばなりません。出演者の豪華さ、演目のおもしろさという点でも、よい劇場です。

また、パリの外側になりますが、市内から電車で約三〇分のヴェルサイユ宮殿の中にあるオペラ・ロワイヤルも絶対に無視できない劇場です。チケットの値段は高めですが、特にフランスのバロック・オペラを楽しむのに、ここ以上の場所はありません。音響もすばらしい。一度ここでバロック・オペラを体験すると、よそで行われる上演は、しょせん嘘っぱちではないかという気がしてくるほどです。

先ほどフランスは中央集権の国だから、パリが断然一番だと書きました。しかし、フランスは文化国家でもあります。ですから、リヨン、ストラスブール、さらにはボルドー、ディジョン、リール、モンペリエなどなど、それなりの規模の町には必ず立派なオペラハウスがあり、場合によっては驚くほどおもしろい上演が行われているのです。イタリアと同様、地方の文化的豊かさを痛感させられます。

●オーストリア

街の真ん中で堂々とした姿を誇っているウィーン国立歌劇場は、世界のオペラハウスのシンボルのような存在です。第二次世界大戦中の激しい爆撃により大きな損害を受けましたが、一九五五年に再建されました。

通常のU字形の客席を持ちますが、ことに安価な立見席が有名です。そんな席で気軽に鑑賞するのもよいですが、何時間も立ちっぱなしで見るのは、中高齢者にはまったく勧められません。着飾って劇場に行き、上等の席で見るという楽しみ方のほうが、オペラの楽しみ方の本道だと思います。

昔は、まるでよい指揮者と歌手を揃えればそれで十分だと言っているような、きわめて保守的な上演内容でしたが、昨今は新しめの演出傾向も取り入れています。

簡単に言うと、ここで演奏するオーケストラがコンサートを行うときの名前が、ウィーン・フィルハーモニー管弦楽団です。昔からこの劇場の上演は出来不出来が激しいことで知られていましたが、もし立派な上演に遭遇できたら、オーケストラの底力にも圧倒されるに違いありません。

国立歌劇場からさほど遠くないところに、テアター・アン・デア・ウィーンというより小さな劇場もあります。企画性という点では、国立歌劇場以上と言えるでしょう。最近では本当のマニアが足を向けるのは、国立歌劇場ではなく、こちらです。

また、やや市の中心から離れたところに、ウィーン・フォルクスオーパーという劇場もあります。こちらで見ることができるのは、オペラよりも軽いオペレッタというジャンルの作品が大半です。ミュージカルも取り上げます。庶民的というか、ちょっと場末的というか、独特な雰囲気があります。歌詞はイタリア語でもフランス語でも、ドイツ語に訳して歌われます。やはりオペレッタが第一の売り物なので、日本にやってきて「こうもり」「メリー・ウィドー」といった有名作を上演することもあります。

●ドイツ

ドイツは一九世紀後半まで統一が遅れたので、今でも地方分権の国です。各州の権限が強く、それぞれの州が独自の文化政策をとります。日本ではしばしば「国立歌劇場」と記される劇場は、事実上、州立なのです。

中でも一流とされ、チケットも高いのが、ミュンヘンのバイエルン州立歌劇場です。ミュンヘンは、おそらくドイツでもっとも芸術や贅沢を好み、人生を楽しもうとする意欲を持つ町です。そういう町だからこそ、ドイツの中でもとりわけ贅沢なオペラハウスを維持しているのです。幕間の休憩時間に、飲み物や軽食を楽しみながら家族や友人とのおしゃべりに熱中している人々を見れば、彼らがいかにも幸せそうだと思われるはずです。オペラハウスとは、たとえ悲劇が上演される場合であっても、このような人生の幸福のために存在するのではないか。これに比べれば、日本のオペラのお客さんたちは、あまり幸せそうに見えません。私が日本であまりオペラを見に行く気がおきない理由はそんなところにもあります。

もっとも、忌憚《きたん》のないところを記せば、バイエルン州立歌劇場は、ギャラの高い歌手や指揮者もたびたび登場しますけれど、常に最高の演奏をしているわけではありません。オーケストラの能力がドイツで一番すぐれているのは、間違いなくドレスデンのザクセン州立歌劇場です。これほど繊細かつ雰囲気ある演奏ができる楽団は、本場ドイツとはいえ、ここをおいてほかにありません。ドレスデン・シュターツカペレと称して、オーケストラだけのコンサートも行っています。

建物を建てた建築家の名前にちなんでゼンパー・オーパーと呼ばれる豪壮な劇場は、エルベ川沿いにあり、広場に面しています。となりは宮殿で、向かいは教会。実に趣がありますす。ひとけが少なくなった夜遅く、雪が降るか、月でも照っていれば、これこそがヨーロッパだと五感で理解できるでしょう。クラシック音楽やオペラの愛好家なら、一生に一度、絶対に行くべき場所です。

そこからほど遠くないライプツィヒにもオペラハウスがあります。ドレスデンは長い間ザクセンの宮廷が置かれていた町、それに対してライプツィヒは商都です。ですから保守的なドレスデンとは対照的に、新しさに寛容です。ここで演奏するオーケストラは、世界最高のオーケストラというと必ず名前が挙がってくるゲヴァントハウス管弦楽団です。たとえ歌手や演出がつまらなくても、このオーケストラがたっぷり聴けるというだけで、このオペラハウスに行く価値はあります。

中世以来交易が盛んなハンザ都市として栄えたハンブルクのオペラハウスも有名です。ここでは目下、日系アメリカ人の指揮者ケント・ナガノが音楽総監督を務め、意欲的な上演が続けられています。現在、音楽的充実という点ではドイツでも屈指と言ってよいでしょう。

首都ベルリンには州立歌劇場、ベルリン・ドイツ・オペラ、ベルリン・コーミッシェ・オーパーと三つもオペラハウスがあります。歌手や指揮者などもっとも多くスターが登場するのが州立歌劇場です。かのブランデンブルク門からも近い。建物はいかにもクラシックなオペラハウス。それに対し、東西陣営が対立していた時期に西ベルリンを代表していたのがドイツ・オペラです。今ではやや精彩を欠きますが、珍しい演目を積極的に取り上げます。コーミッシェ・オーパーは、演劇的な刺激に満ちた劇場で、斬新な演出を見たければ、ベルリンではここが最右翼です。原語ではなくドイツ語訳で歌うのが基本です。

シュトゥットガルトのオペラハウスは、正式にはバーデン・ヴュルテンベルク州立歌劇場といいます。ベンツやポルシェの本社があり、豊かな地域ですが、残念ながら音楽的水準はそれほど高いとは言えません。ただ、時折興味深い上演があるので、マニアにとっては見逃せません。

それ以外にもフランクフルト、デュッセルドルフ、ケルンなどはもちろんのこと、ドイツでは小さな町でもオペラハウスがあります。夜、家族や友人とオペラや劇やコンサートに出かけるという生活様式ができあがっているのです。

ところで、日本の音楽愛好家の中には、オペラハウスのオーケストラは、ベルリン・フィルハーモニー管弦楽団やバイエルン放送交響楽団のような、コンサートを専門とするオーケストラに比べて下手だという偏見を持つ人もいるようです。しかし、単に指が速く動くとか大きな音が出るといった表面的な技量があればよいというものでもないのが、劇場のオーケストラです。いくらミスが少ない整った演奏ができても、愛のシーンには甘美さ、復讐のシーンには荒々しさというように劇を盛り上げる感情豊かな演奏ができなければ、ナンセンスというものです。最近では日本のオーケストラがオペラを演奏する機会もずいぶん多くなりましたが、この点ではまだまだ進歩の余地があります。

●イギリス

ロンドンは数百年にわたって、ヨーロッパでもっとも大きな音楽市場のひとつでした。現代においても、この町のロイヤル・オペラ・ハウスは世界でもっとも重要な歌劇場のひとつです。もともとヨーロッパで有数の物価が高い町ですし、スター歌手も多く登場するので、チケットは高価です。しかし、安い席を買うと、見るにも聴くにも不都合がありますので、奮発することをお勧めします。ここにはいくつもレストランが併設され、ゆっくり食事をすることもできます。オペラとは、演目を見るだけが楽しさではないことを教えてくれる劇場のひとつです。

比較的保守的なロイヤル・オペラ・ハウスに対して、歌唱を英語で行い、演出面での冒険が多いのが、イングリッシュ・ナショナル・オペラ（ENO）です。ベルリンのコーミッシェ・オーパーにも似た存在と言えますが、建物が大きいので、舞台から遠い席にはすわるべきでないでしょう。

なお、ロンドンから離れますが、イギリスのオペラというと忘れてはならないのが、グラインドボーン音楽祭です。もともとは貴族の館で始められた音楽祭ですが、今では新しい建物になっています。ここが有名な理由のひとつは、長い幕間に、お客たちが芝生の上でピクニックをすること。飲み物や食べ物はもちろん、椅子やテーブルなども持ってきて（手配も頼めますが）、初夏から夏にかけてのヨーロッパならではのゆったりとした時間を過ごします。服装は男性はタキシードを着るのが習慣で、それに麦わら帽子をかぶるのですから、なんとも珍妙というか、おもしろい風景です。たいへん人気があり、高い席があっという間に売り切れるところなど、イギリスの富裕層の厚さを痛感させられます。

●それ以外のヨーロッパ諸国

スイスでもっとも存在感があるのは、圧倒的にチューリヒのオペラハウスです。金融などで豊かな町だけに、小さな劇場ながら、有名歌手が大勢登場します。必然的にチケットは高額なのですが、スイスでは物価全般が非常に高いので、それに見合っているとも言えます。

また、時計・宝飾品の見本市で有名なバーゼルのオペラハウスは、挑戦的な演出を次々に繰り出すことで知られています。日本にいるとなかなかわかりませんが、目下のところ、ヨーロッパのオペラ界ではもっとも注目されている劇場のひとつ。

スペインの代表的なオペラハウスとしては、カタルーニャ地方の中心バルセロナのリセウ大歌劇場の名を挙げねばならないでしょう。豪華な建物で、新しめの演出もさかんに上演しています。スペインの著名な音楽家、芸術家にはカタルーニャ出身の人が非常に多いのです。

北欧諸国にもオペラハウスはあり、水準はなかなか高いです。特筆すべきはスウェーデンのストックホルム近郊にあるドロットニングホルム。ここには、かつて夏の間だけ使われた宮殿があります。ヴェルサイユ宮殿とともに、バロック・オペラをそれが生まれた環境で味わえる貴重な場所です。広大な美しい庭園の中のオペラハウス。何だか夢の世界のような場所です。

いくつもの劇場が連日上演を行っているプラハをはじめとするチェコ、あるいはハンガリーなど、東欧にもたくさんのオペラハウスがあります。

このようにヨーロッパには至る所にオペラハウスがあります。どこかの町を観光で訪れることがあったら、かなりの確率で本場の上演を楽しむことができるでしょう。

最後に

スシ、サシミ、大好き！　ラーメン、おいしい！　そんなふうに日本の料理が大好きな人にもしあなたが外国で出会ったら、何と言うでしょうか。そんなに興味があるなら、ぜひ日本に来て、食べてごらんよ。外国で食べるより、ずっとずっとおいしいよ。それに、寿司、刺身以外にも、たくさんの料理があるよ。そう言いたくなるのではないでしょうか。

私は、オペラについてまったく同じことを言いたいと思います。オペラに興味があるのなら、本場で劇場に行くべきです。いや、行かねばなりません。本場で二つ、三つ見てみれば、オペラがどんなものだかは何となく肌でわかるようになります。日本で一〇〇回、二〇〇回見に行っても、絶対にわからないことがわかるようになります。それに、上演される作品数の多さも文字通り桁違いです。オペラの広さ、深さは、日本にいては見当もつかないのです。何よりも、オペラが、昔の名作の再現なのではなく、今も生きていて熱いということがわかります。

昔は、いわゆる大歌手と呼ばれる人たちがたくさんいました。「それに比べると、今の歌手は小粒だねえ」なんて、何十年も前からの愛好家は言います。そうかもしれません。確かに声を聴いただけですぐに誰だかわかるような個性的な歌手は減りました。でも、今の時代には、今だからこそ見て聴くことができる上演があります。たとえば、昔の歌手には棒立ちになって歌ったり、自己流のへたくそな演技をしている人も多かったのですが、今では凝った演出、演技の上演がたくさんあります。そういう今だからこその上演に遭遇するには、海外に行かねばなりません。残念ながら、ヨーロッパと日本のオペラ界には大きな時差があります。

「でも、誰もが気軽に海外に行けるわけではない」と反論する人もいるかもしれません。いいえ、この時代、よほどの事情がない限り、行けます。行かない人は、行く決意をしていないだけです。本当に行こうと思っていないだけです。つまりは、本心では行かなくてもいいと思っているのです。残念ながら、そういう人は、オペラの本当のすごさを知ることはできません。オペラに限りませんが、あらゆる趣味、道楽、仕事、つまるところ人生は、真剣になればなるほど、本当のおもしろさや深さがわかるというものでしょう。

少し前、私はロンドンでたいへん高い評価を得ている日本料理屋で食事をしました。魚に非常にこだわりがあるそうです。しかし、私はそこで地元の魚の刺身を食べてみて、おおいに納得したのです。新鮮ではありました。でもおいしくないのです。そうか、ヨーロッパで魚の生食が広まらなかったのは、つまりはここの魚は刺身向きではないからなんだと。ヨーロッパ人は、牡蠣やうにや牛肉は生で食べますから、魚を生で食べられないわけはないのです。なのに海辺でも生食が広まらなかったのには、ちゃんと理由があったのです。

オペラを生み、育てたのはヨーロッパです。ですから、オペラはヨーロッパで見ないといけないのです。今ほど海外旅行が簡単な時代はありません。劇場のチケットはインターネットで買えますし、飛行機もホテルも、お手頃なものから贅沢なものまで、いろいろ探せます。休日も増えましたし、有給休暇も取りやすくなってきています。体が不自由だったら？　空港では職員が車椅子を押してくれます。車椅子用の席も劇場にはあります。今の時代を生きる特権は、旅行をおいてほかにないとすら私は思っています。

ですので、本書を読まれた方は、ぜひ本場でオペラをご覧ください。私が言いたいことはひたすらそれに尽きます。それをしないでオペラを語っても、生身の女性を知らないで女性論を語る未経験な青年のたわごとと変わるところがありません。ただちに、が一番いいことは間違いありませんが、そうでなくても、いつか行くつもりになってください。

劇場には発見があります。また、どんなに見慣れた作品にも何か発見があります。それは本当に思いがけなく起こります。この世に存在するたくさんの閉じられたドアがひとつ開け放たれたような気分。そうした経験をするために劇場に出かけることは、人生の大きな楽しみのひとつです。まして、それが外国の劇場でしたら、どれほど嬉しいことでしょう。

講談社の山﨑比呂志氏から本書の執筆を提案されたのは、もう一〇年以上前になります。

オペラの入門書はすでにたくさん世の中にありますし、かくいう私も書いたことがあります。どんな本にしようかとずいぶん迷いました。「椿姫」や「蝶々夫人」がどれほどの名作か、いまさら繰り返すまでもないのではないか。作品の個々の情報は、インターネットで簡単に見つかるのではないか。そんな時代に本を出す意味とは何だろう。そんなことを考え、オペラの世界の広さを示す方向性で行こうと決めました。

ですので、一応は歴史の流れに沿って章立てをしましたけれど、いわゆる名作、人気作にこだわったわけではありません。そもそも、たとえある作品がどれほど名作と言われていようと、あなたの心を動かさなければ、価値はありません。音楽史の学者にでもなるのでなければ、好きなものを好きなように愛すればよいと思います。それこそが愛好家の特権なのです。

ともかくも山﨑さんの定年前に書きあがってよかった。そう胸をなでおろしています。

N.D.C. 766.1　317p　18cm
ISBN978-4-06-516874-5

講談社現代新書　2547

オペラ入門《にゅうもん》

二〇一九年一〇月二〇日第一刷発行

著　者　許《きょ》　光俊《みつとし》

発行者　渡瀬昌彦
発行所　株式会社講談社
東京都文京区音羽二丁目一二―二一　郵便番号一一二―八〇〇一
電　話　〇三―五三九五―三五二一　編集（現代新書）
〇三―五三九五―四四一五　販売
〇三―五三九五―三六一五　業務
装幀者　中島英樹
印刷所　株式会社新藤慶昌堂
製本所　株式会社国宝社
定価はカバーに表示してあります　Printed in Japan

「講談社現代新書」の刊行にあたって

教養は万人が身をもって養い創造すべきものであって、一部の専門家の占有物として、ただ一方的に人々の手もとに配布され伝達されうるものではありません。

しかし、不幸にしてわが国の現状では、教養の重要な養いとなるべき書物は、ほとんど講壇からの天下りや単なる解説に終始し、知識技術を真剣に希求する青少年・学生・一般民衆の根本的な疑問や興味は、けっして十分に答えられ、解きほぐされ、手引きされることがありません。万人の内奥から発した真正の教養への芽ばえが、こうして放置され、むなしく滅びさる運命にゆだねられているのです。

このことは、中・高校だけで教育をおわる人々の成長をはばんでいるだけでなく、大学に進んだり、インテリと目されたりする人々の精神力の健康さえもむしばみ、わが国の文化の実質をまことに脆弱なものにしています。単なる博識以上の根強い思索力・判断力、および確かな技術にささえられた教養を必要とする日本の将来にとって、これは真剣に憂慮されなければならない事態であるといわなければなりません。

わたしたちの「講談社現代新書」は、この事態の克服を意図して計画されたものです。これによってわたしたちは、講壇からの天下りでもなく、単なる解説書でもない、もっぱら万人の魂に生ずる初発的かつ根本的な問題をとらえ、掘り起こし、手引きし、しかも最新の知識への展望を万人に確立させる書物を、新しく世の中に送り出したいと念願しています。

わたしたちは、創業以来民衆を対象とする啓蒙の仕事に専心してきた講談社にとって、これこそもっともふさわしい課題であり、伝統ある出版社としての義務でもあると考えているのです。

一九六四年四月　野間省一